日本をどのような国にするか

——地球と世界の大問題

丹羽宇一郎
Uichiro Niwa

Eurus
Notus
Boreas
Zephyrus

岩波新書
1761

はじめに

「日本は何だか元気がないみたいだ」

外国から久しぶりに帰ってきた友人が、日本の印象をそう語っていました。長くぬるま湯につかっていると、少しずつお湯の温度が上がっても気づかないのに似て、中にいる日本人にはなかなかわからない。しかし、よその違う温度のところから来た人には、日本は、昔に比べるとずいぶん熱気がなくなってしまったように感じるらしい。

友人がそう思う底流には、それなりの理由があるようです。内閣府の調査(平成二六年版子ども・若者白書)によれば、真偽は不明ながら、一三〜二九歳の若者で、「うまくいくかわからないことに対し意欲的に取り組む」と答えた割合は、ドイツ、フランスはいずれも八〇%以上、アメリカは七九・三%、韓国は七一・二%、日本は五二・二%。自分の将来に希望を持っている割合は、スウェーデンとアメリカは九〇%以上、イギリスは八九・八%、ドイツ、フランスは八二〜八三%、韓国は八六・四%、日本は六一・六%です。若者の現状満足と将来への挑戦心の欠如も背景にあるようです。大きくはやはり少子高齢化の流れがあるように思われます。人口が減少しているということを、日本人はあまり実感していないようですが、外国から来ると「あれ、静かだな」という感じがするのではないでしょうか。時々海外へ行って帰ってくると、以前と比べて何か人通りが少なくなったような気がします。都心の駅の構内へ行って、なんだか大勢人が集まっているな、と思うと、その大部分が外国人観光客だったりします。

街中は総じて、本当に静かです。地方に行った時に、誰かに会いたいと思って歩いていても、土地の人にほとんど会わないということがあります。また、どこへ行っても年寄りが多い。都会でも一部を除き地下街を歩いていて、道を聞こうと思っても、歩いている人がいないということがあります。レストランに入っても、入っているお客さんが少ないと感じることが多い。このところ従業員の時給が上がっているから、やはりメニューの値段を上げざるを得ない。結果としてお客さんも減ってしまうという、悪循環に陥っているお店が多いのではないか。先行きが心配になります。

そもそも年間二五万とか、三〇万とか、人口が減るというのはどういうことなのか。少子高齢化は確実に、ボディブローのように、じわじわと日本にダメージを与えると思いますが、徐々に徐々にしか変わっていかないから、同じ温度にいる日本人はなかなか気づかない。それが一〇年後、日本に何をもたらすのか誰にもわからない。「大変だ」と警鐘を鳴らしている本はたくさんあります。しかし、一〇年経って大変なことに気づいて、「え？　どうしよう」「さあ、産めよ、増やせよ」と急に言っても、今できないことが、一〇年経ってできるようになるかといえば、それは極めて難しいのではないでしょうか。

子どもを産むには、子どもを産み、育てる環境、社会的余裕がなければいけません。若い人に子どもをつくれと言っても、まず日々の生活に追われ、金銭的余裕がないのが実情です。奥さんは忙しく働き寄り道する時間もなく、親の介護や家事に追われ、旦那さんは今までどおりほとんど早く帰れない。そんな環境では、子どもを産み、育てるという気になかなかならないし、経済的にも決心がつかないのが実状でしょう。セックスレスの夫婦が増えているといいます。自然の成り行きというほかありません。

さらに子どもが生まれたあと、お金は大丈夫か、安心して育てられるか、という不安も尽きません。どこをどう直していったら、日本の姿は変わるのでしょうか。

日本の現在の立ち位置を知るために、手元にある資料から日本の国の姿を表す数字をいくつか挙げてみましょう。

非金融部門債務残高(国際比較)(GDP 比 %)(2018 年 3 月)

	日本	中国	米	独	英	仏	伊	加
民間債務	156.2	213.4	150.9	106.6	170.0	192.7	113.2	213.7
家計部門	57.4	49.3	77.3	52.5	86.1	58.6	41.0	99.4
企業部門	98.8	164.1	73.5	54.1	83.9	134.1	72.2	114.3
政府債務	212.5	47.8	99.6	67.4	109.8	110.2	150.5	74.1
非金融部門計	368.7	261.2	250.5	174.0	279.9	302.8	263.6	287.8

出所：BIS(国際決済銀行)

まず、日本の人口は世界で一〇番目、国土の面積は——これはどうしようもないことですが、六一位。一人当たりの名目GDPは世界二〇位(二〇一七年)。二〇〇〇年は世界第二位でしたが、近年、順位が下がってしまいました。

食料の自給率について。これについては、ごく直近の二〇一七年までの数字が出ています。これによると、カナダが二六四%、オーストラリアが二二三%、アメリカが一三〇%、フランスが一二七%、ドイツが九五%、イギリスが六三%、イタリアが六〇%、スイスが五〇%で日本は三九%。この数字は先進国で最低です。

先進国で自分たちの消費量以上に食料を生産している国がカナダで二・六倍、オーストラリアが二・二倍、アメリカが一・三倍。いずれもつくり過ぎで、食料が余っているわけです。日本は、つくり過ぎどころか、六一%の食料不足ということになります。

続いて、日本のエネルギーの自給率は八%(二〇一六年)。九二%を海外から化石燃料や資源を買うことによって賄っています。

国の借金(政府の負債)のGDP比は日本が二一二・五%で、当然のことながら世界最悪と考えて良いでしょう。次がイタリアの一五〇・五%。アメリカは九九・六%。

ダボス会議で知られる「世界経済フォーラム(WEF)」が、二〇一七年に発表した「世界競争力レポート」によると、日本の国際競争力は一三七カ国中、九位で、二〇一四年の六位から落ちています。男女格差については、二〇一三年の世界一〇五位から一一四位と過去最低。

OECDの発表によると、教育費の公的支出の対GDP比は、先進諸国三四カ国の中で、三〇位だったのが二〇一五年に三四位に後退しました。教育費の額はGDPの大きさによって違うけれども、一国の生産力に対して、教育費に出しているお金は最下位ということです。日本は教育に熱心だと思われていますが、これは教育費の多くを個人が私費で負担しているのが現状だということを意味しています。一方、政府の方はあまり教育にお金を使っていない。ドイツからきた友人が、「ドイツは大学まで無料ですよ」と言っていました。ドイツは大学進学者が日本より少ないという事情はありますが、GDPに対する政府の借金はドイツは六七%ぐらい。対する日本は二一二%もあるわけです。

それほどドイツというのは、ある意味では豊かというか、生活が安定しているわけです。そして移民の人たちがドイツに入ってきたら、まず三年間は無償でドイツ語を勉強させる。そしてそれが終了したらドイツの子どもたちと同じように学校の授業を受ける。そうすることによって、ドイツの国民と移民の人たちとの生活のバランスを取っていこうとしています。だからこそ、ドイツを目指す移民の人たちが多いわけですが、日本はそういうことはまったくやっていない。二〇一八年の出入国管理法改正を見ても長期的視野での対策は全くゼロに近く、こんな状況で日本で働き、移民したいと思う外国人はいるのかと、逆に心配になります。

それから報道の自由度。これは「国境なき記者団(RSF)」の調査ですが、日本は福島第一原発事故報道を契機に、二〇一三年に二二位から五三位に転落し、直近の二〇一八年は六七位です。

地球温暖化への取り組みについてはドイツの環境NGO「ジャーマン・ウォッチ(German Watch)」が調査していますが、日本は六〇カ国中、五〇位(二〇一八年)。環境問題についても日本は世界で順位を下げています。

こういう数字を見ると、日本のメディアはともすると「ニッポン、スゴイ」と叫びがちですが、日本の立ち位置はわれわれ日本国民が思っているよりもずっと低くなっているのではないかという気がしてなりません。日本の力の順位が上がったものがあるかというと、見つけるのが難しい。

高齢化が進み、年寄り中心の社会になると、つい、自分第一、ミーイズムになりがちです。このことはこれからの日本社会に徐々に影響が及んでいくと思います。しかし、いまや世界を見渡しても、トランプのアメリカといい、習近平の中国といい、オレ様ファースト、自国第一主義の国が増えてきました。

異変が起きているのは世界だけではありません。この地球にも起きています。地球温暖化の影響なのか、二〇一八年は「殺人的な暑さ」が連日続き、想定外の豪雨や台風が甚大な被害をもたらしました。こうした異常気象は人間のみならず、空と海の生態系にも影響を及ぼすでしょう。加えてグローバル化と開発による環境破壊が引き起こす病原体の拡散とその加速は、地球上の生命の脅威となっています。二〇一八年はさらに北海道でも巨大地震が起こりました。近い将来、南海トラフ地震が発生すると予測されています。

また、AI（人工知能）の登場で人間の仕事が奪われるのではないか、といったことも危惧されるようになりました。これらはどこまで本当なのでしょうか。

こうした「世界」と「地球」の大問題が日本を取り巻いています。そのようななか、日本はどこに自らの立ち位置を見定めていけばよいのでしょうか。

この本はそれらの重要テーマを取り上げながら、現時点での自分なりの考えをまとめたものですが、その過程で、何人もの専門家のところを訪ね、取材を行いました。そのうち、「地球温暖化問題」「巨大地震」「ＡＩ」をめぐる三人の専門家と行った議論は、対談形式で本書の第Ⅱ部に収録しました。お忙しいなか、貴重な時間を割いてご協力いただいた方々にこの場を借りて感謝を申し上げます。

これからの時代を生きる多くの読者に、何が今の日本にとって急がれるテーマなのかを考えるきっかけとなれば幸いです。

目次

II　地球と世界の大問題を考える——専門家との対話

I　劣化するリーダーたち

インターネットの発達は、われわれの生活を便利なものにしましたが、その一方で根拠の不確かなフェイクニュースが大量に飛びかい、多くの国で国内の激しい意見対立や国民間の分断が進むようになりました。そのようななか、各国で人材の劣化が進んだのか、かつてであれば出てこなかったような特異なキャラクターのリーダーが相次いで現れるようになりました。世界を取り仕切ってきたアメリカの覇権が陰りをみせるなか、自国第一主義を掲げるドナルド・トランプ氏がアメリカの大統領に当選。その言動に世界は連日翻弄されているように見えます。一方、台頭する中国では、習近平主席が共産党の一党独裁体制をいっそう強めているといわれます。米中の挟間で、日本はどのような行動をとるべきなのでしょうか。またあるべきリーダーの姿とはどのようなものなのでしょうか。

第一章　混迷する世界

何が真実で何が嘘なのか

いま、世界はいろいろの面で大きな転換期を迎えているのではないか、という気がします。最近「ポストトゥルース(Post Truth)」ということが言われています。英国オクスフォード英語辞典が二〇一六年の今年の言葉として発表して以来、客観的事実の影響力以上に、感情・個人の信念の訴えが強まっているという状況を表す言葉として広がっているようです。それに乗じて自分に不都合な真実は「フェイクニュース(Fake News)」、嘘のニュースとして問答無用の扱いをする世界のリーダーも出始めています。毎日のように相当の嘘が広まっている。いったいどこまで本当で、何が嘘なのか、真実のあとに何があるのか、ということがわからない。

ネット空間が広がるなかで、いろいろな情報が個人情報も含め、ひょっとしたら取り引きされている可能性もある。また、「オルターナティブファクト(Alternative Facts)」という言葉も要注意です。明らかな虚偽を指摘されても、「それも、もう一つの真実だ」と言って反論する。

発言している本人さえ、いったい何が真実なのかがわからなくなっている。

たとえば「森友・加計問題」をめぐる国会での議論を見ていても、いったい本当のことは誰が喋っているのか、誰もわからない。記録、データさえ手を加え、真実かわからないのに、それをベースに審議をしている。

情報を受け止める側の人々も、いったい何を信じて行動したらいいのだ、ということになります。意見を述べたり、文章を書いても、「あなたの主張が拠って立つ事実は何ですか。もしかしたら、あなたは、フェイクニュースをベースにして自分の考えを出しているんじゃないの？」と言われると、われわれはいったい何を根拠にして、自分の考えを組み立て、あるいは喋っているのか、おぼつかなくなります。

広がる不信感

そのようななかで、エリート層というか権力層、すなわち政治の中枢を占めている人々、あるいは経済界の現在の指導者層に対する、あるいは既存のメディアに対する不信感というものが、世界的に見て以前にも増して強まっているように感じます。

いまの日本でもあらゆる分野で、真実を語っているのは誰なのかわからない。どこまで本当のことを話しているのかわからない。国民から圧倒的な信頼を得ている政治家なり、経済界の指導者が見当たらない。国民の多くが、「どうせ、ほかの人が出てきても変わらないんじゃないのか」というあきらめにも似た雰囲気です。世論調査で政権トップの「人柄が信頼できない」と回答する人たちが多い一方、与党内あるいは野党に交替できるほどの力がある政治家がいるのか、というと、いない。やっぱり信頼できる政治家がいないのじゃないか、という空気があって、残念ながら何も進展しないまま時間だけが進んでいく状況です。

あるいはアメリカのトランプ大統領にしても、彼が矢継ぎ早に打ち出している過激な政策の多くが、とりあえず目先の問題にどう対応するかということであって、アメリカの将来をどう考えているのかということが少しも見えてきていません。そのトランプ大統領が仕掛けた高い関税や貿易戦争に対抗するように、「お前がここまでやるなら、オレもここまでやる」と報復措置を発表した中国の習近平国家主席も、中国をいったいどういう国にしようとしているのかより、当面の政経対立をどう有利に凌ぐかに全力をかけているように思われます。もちろん、北朝鮮に至っては、金正恩委員長の「こうやりたいんだ」ということが、どこまで北朝鮮の国民の理解と支持を得られているのか。これ以上意見を言うと逮捕されるとか、粛清されるという状況のなかでは、真実は不明です。

ロシアのプーチン大統領も国民の圧倒的支持を得て、選挙に勝ったことは勝ったけれど、世界の信頼は得られていない。もう次の選挙が近づいているなか、その後の世論調査では、国内支持率も急落しています。

ヨーロッパでは、イタリアの五つ星運動のようなポピュリズムの政治勢力や極右政党が台頭するなど、政治指導者への不信感が高まっています。ドイツのメルケル首相は州議会選挙で大敗し、二〇二一年をもって首相退任を発表。フランスのマクロン大統領は激しい抗議デモに直面して、政権が弱体化しています。イギリスのメイ首相も、EUの離脱問題を含めて迷走中です。EUの中でも圧倒的な力を持って引っ張っていく国がなかなか出てこない。

結局、どの国も政権への支持率と非支持率が拮抗している。つまり、どの国の国民も国の政策、方針に戸惑っている、世界は混沌の渦中にあると言えます。角度を変えてみれば、みんな自国第一主義、ミーイズムに陥ってしまっていて、自分たちのことしか考えられなくなっています。アメリカが顕著ですが、世界に信頼できる力のあるリーダーがいないという状況が、やはり世界経済の混乱を招いているし、世界の将来を大変不安なものにしていると言えそうです。

そのような時に――そのような時だからこそ、われわれは「二〇年後、三〇年後の日本をこういう国にするのだ」ということを考え、国の将来を憂える人々は、新しい時代を迎えるにあたり、自分たちの意見をここではっきり述べ議論をしておく必要があるのではないでしょうか。

「トゥキディデスの罠」

世界情勢が混沌とするなかで、いまもっとも危惧されるのは、世界は戦争に近づいていくのではないかということです。戦争は明らかにミーイズムの最たるものです。「歴史は繰り返す」と言いますが、歴史は人がつくるものです。「歴史は繰り返す」という言葉を聞くたびに、二一世紀になっても人間はわれわれの先人たちより賢くなんかなっていない、これは人間の性《さが》だから、人間も動物だから、という言葉を想い出します。食べ物を奪い合うジャングルの世界では、獲物が第一です。食べ物が豊かになっても、「パンはペンよりも強し」、ペンがパンに勝って、「民主主義とは」「正義とは」といった、理念とか哲学がパンの上に来ることは個人は別として総じてみれば、いつの時代もありませんでした。依然として食物、資源の確保という動物的な欲望の方が先にきます。だから、いまもミーイズムになるわけです。

「トゥキディデスの罠」という言葉があります。これは、ペロポネソス戦争に関する『歴史』という本を著した古代アテナイの歴史家、トゥキディデスに因む言葉です。ペロポネソス戦争とは、約二五〇〇年ぐらい前に、スパルタとアテナイとの間で起きた戦争です。つまり、「トゥキディデスの罠」とは、それまでの覇権国に対して挑戦する新興国が出現した時、お互いそれを望んでいなかったにもかかわらず、戦争が勃発してしまうという現象を指しています。この言葉を使い始めたのは、アメリカの政治学者、グレアム・アリソン(Graham T. Allison)教授ですが、アリソンによると、世界史上、過去五〇〇年間でこうした覇権争いは一六回あり、そのうち一二回は、「戦争は絶対にない、戦争は起きない」と言っていたけれども、やはり起きてしまったと言います。

二一世紀に入ってからの国際情勢も、この「トゥキディデスの罠」に似ていると言えなくもありません。それはどういうことかというと、結局、アメリカと中国の両大国が、車の両輪としてこれからの世界で走らざるを得なくなっているからです。

これまでは、「パックスロマーナ」「パックスブリタニカ」とか、「パックスアメリカーナ」といった具合に、必ず一つの覇権国が世界を支配してきました。それが二一世紀に入りアメリカの覇権に次第に陰りが出てきて、オバマ前大統領の時代から、アメリカにはもう世界を支配する力はないんだ、アメリカはもはや世界の警察官ではないんだと自らも発言するようになりました。そのあとを継いだトランプ氏は、いまだに昔のイメージで「これからも、オレが支配するんだ」と世界を揺り動かしていますが、「アメリカはもはや世界の警察官ではない」という点については、やはりオバマ氏と同じ考え方に立っています。

では、これからは中国が覇権を握る「パックスシニカ」の時代に入っていくのか、というと、そうはならないと思います。一つの国が覇権を握るのではなくて、やはりこれからの世界はしばらく中国とアメリカという二つの大国が両輪で走っていくのではないか。いま、トランプが保護主義に走ったとしても、アメリカに世界を統治する力はなくなり、貿易戦争にしても、シリアや中東にしても、「おい、黙れ」というトランプのひと言で世界が回るということはない。そうなると、これからの世界の動きは二一世紀に入って初めての新しい事態だと言えます。

ところが、「当面は両輪で走る」と言いながら、同じ輪ではありません。もちろん、今でも圧倒的にアメリカが強い。右の車輪はアメリカで大きい。左の車輪は、中国で、まだまだアメリカの足元には及ばないかもしれないが、一四億もの人口があって、すでに政治・経済ともに大きくなっている。しばらくは、中国のほうが小さいからアメリカの方に比重がかかって斜めにクルマが動いていく。けれども、これが二〇年ぐらい経って、中国のタイヤの輪が大きくなって並行に走るようになる、その頃が危ない。スパルタとアテナイのように、両国が同じぐらいの力になってきた時に戦争になる確率が高いというのが、「トゥキディデスの罠」です。今は、まだまだクルマは傾いています。ここで戦争はできない。そして二〇年後、中国が非常に大きくなった時は、中国が苦しかった時代を知らない人たち、戦争を知らない人たちが社会の中心になっていることでしょう。

田中角栄元首相は、「戦争を知っている世代が社会の中核にある間はいいが、戦争を知らない世代ばかりになると怖い」と語っていました。世界で一番大きなリスクは、世界の指導者のなかに戦争の体験者がいないこと、戦争のイメージを持てる人がいないことだ――私も、そう思います。そのような時に、中国が傲慢になり、歴史が繰り返し、戦争が生じる可能性があると思います。

これからの世界も日本も、そのような時代にどうやって生きていくのかということを考えなければなりません。

トランプの貿易戦争をどう見るか

では、いまのアメリカ、トランプ政権をどう見るか。トランプは大統領の職務につけば、歴史を踏まえた国際感覚を持ち、真っ当な考えを打ち出すようになるのではないかという見方もありました。しかし最近の貿易戦争の動きを見ていて、トランプはやはり簡単には変わらないんじゃないか。前から何の化粧もなく生のままの姿であったのだと言う人が多くなりました。

突然、人々をびっくりさせるような発言を続けているけれども、それは意識的に戦略的にやっているのではなく、大方の人は彼の本心そのものではないかと思い始めているようです。

アメリカの貿易赤字のもとになっているという、あの一〇〇品目、一〇〇種類ぐらいにのぼる商品に関税をかけて赤字が縮小するのであれば、とっくの昔にアメリカはやっていると思います。貿易赤字というのは関税の率だけで決まるものではありません。もしそれをやって本当に輸入品の値段を二割以上も上げることになると、一番困るのはアメリカの国民でしょう。

じゃあ、アメリカでつくりなさい、とアメリカに新しい工場を建てたとしても、新しい雇用を増やし、新たに原材料を購入しなければなりません。それには輸入品も含まれます。そんなことまでして一～二年たって、今までと同じくコストは高く輸入品と競争はできない。やっぱりこれはまずかったと言ってやめたら、工場で働き始めた人たちはいったいどうするのでしょう。前よりもっと失業者が出て、前よりももっと貿易赤字が出るんじゃないか……、というようなことをどうして考えられないのか、いや考えないのだろうか。不思議です。

トランプ大統領が高関税等、米中貿易について激しい対中国政策を表明するたびに、株価が下がるといった影響が世界経済に出ていますが、影響はそれだけに及びません。貿易戦争がヨーロッパに対しても、日本に対しても及ぶとなると、これらの国々が今までアメリカへ輸出していた商品はどこへ行くのか。中国と経済的な結びつきが強い東南アジア諸国に影響が及んで、安売り合戦になるかもしれない。そうするとそれらの国々の経済はどうやって成り立っていくのでしょうか。こうした動きはアメリカとか先進国だけの話では済まなくて、サプライチェーンの崩壊と世界の生産供給のサイクルの再構成等、世界全体を貿易戦争に巻き込んでいく可能性があります。グローバリゼーションの時代というのはそういうことです。トランプ氏はこのようなことにまで考えが及ばないのでしょうか。

ココムの再来

米中貿易摩擦はさらには一段と厳しい貿易戦争、新冷戦と呼ばれる段階にまでエスカレートしています。

トランプ大統領は、二〇一八年八月、「国防権限法二〇一九」に署名し、アメリカ政府や政府と取引のある企業団体に対しファーウェイ（華為技術）、ZTE（中興通訊）等中国系五社の製品調達禁止、さらには外国企業の対米投資の管理を厳格化し、環太平洋合同演習（リムパック）から中国を排除するなどしました。

そして半導体通信、安全保障に関わる中国の知的財産や技術移転などに関する政策を問題視し、中国の技術を締め出そうという姿勢を鮮明にし始めました。具体的には、中国が二〇一五年に公表した産業政策「中国製造二〇二五」でうたっている、重点産業への補助金の廃止や中国の技術移転に関する現在の政策の廃止を要求したり、高度な製造技術を専攻する中国人留学生へのビザ発給を厳格化し、有効期間を五年間から一年間にしました。

中国がアメリカを追い越すことは許さない、「中国製造二〇二五」を〝つぶせ〟というトランプ大統領の考え方がよく表れています。

ここで思い起こされるのはココム（COCOM、対共産圏輸出統制委員会）です。米中貿易戦争の行きつく先はココムの再来となるのではないか。ココムとは中国建国と同年の一九四九年に発足。冷戦時代にアメリカの提唱で、ソ連等社会主義国に対して軍事的優位を保つために七カ国の資本主義国によって設立された協議機関の委員会で、共産圏に対する技術や物資の輸出の制限を行いました。当時はまだ数少ない資本主義の技術大国によって始められたものです。ココムはソ連が崩壊し東西冷戦が終結した後、一九九四年に解散しましたが、日本では一九八七年に起きた東芝ココム事件のことをご記憶の方も多いと思います。東芝ココム事件とは、東芝の子会社であった東芝機械が輸出した工作機械が、ソ連の潜水艦の無音のスクリュー製造のために使われているとして、東芝機械の幹部が逮捕された事件です。東芝が見せしめ的に狙い撃ちされたともいわれ、アメリカでは東芝グループ全社の製品の輸入禁止など、厳しい措置がとられました。当時アメリカの貿易力は今よりもはるかに支配力が強かったので、あのままいったら東芝は大変なことになる、と大騒ぎになりました。

二〇一八年一二月には、中国通信機器大手、ファーウェイの副会長が（アメリカの要請と言われていますが）カナダで逮捕されるという事件が起こりました。アメリカはさらにファーウェイ製品の排除を進めていて、一連の動きを見ていると、ますます東芝ココム事件を思い起こさせるものがあります。

しかし、四、五〇年前のソ連といまの中国とでは科学者の数や、GDP、貿易の額も圧倒的に異なります。技術は人間の頭の中にありますから、人と人との交流が密になっているグローバリゼーションやネットの時代に、果たして流出をどこまで止められるのか。アメリカだけストップしてもヨーロッパ、日本、韓国はじめいろいろなルートで技術が移転する可能性があります。また、後述するように、技術というものは本来オープンな性格をもち、ブラックボックスにしたとしても長続きせず、競争を通じてどんどん発展していくものです。

何よりも、いまの中国と東西冷戦時代のソ連と決定的に違うのは、海外留学生の数です。中国の海外留学生は四〇年間で四〇〇万人、一年で一〇万人にのぼります。そのうちの二五〇万

日米貿易摩擦の歴史(1970–96年)

• 繊維(日米繊維交渉)	1970–72年	
• 鉄鋼	1968–69年，1984–89年	
• カラーTV	1975–79年	
• 自動車	1980–92年	米国，保護主義／輸出自主規制
• 牛肉，オレンジ	1977–88年	
• 半導体(日米半導体協定)	1986, 91年	
• MOSS協議(市場分野別個別協議)	1985年	
①電気通信，②エレクトロニクス，③医薬品・医療機器，④林産物等		
• スーパーコンピュータ	1985–96年	
• 日米構造協議	1989–90年	
スーパー301条(1988年，1974年通商法に不公正貿易への対処，報復を目的として追加された)，為替，不動産，税制，流通		
• 日米包括経済協議	1993–96年	
クリントン・宮沢会談で設置が決まった経済協議		

人は留学を終えて本国に帰ってきていると伝えられています。彼らは欧米の大学教育を受けて、欧米の技術者との共通理解、コミュニケーションがかなり進んでいます。彼らはわれわれが想像する以上に欧米のものの考え方をよく理解しています。そうした流れに、習近平もトランプも逆らうことはできず、トップ同士の会談ではなく、両国の現場レベルで賢明な結論に落ち着く可能性もないとはいえません。

いずれにしても、アメリカは短期的には中国封じ込めに成功しても、長期的に見た場合、今回の措置でどこまで中国の台頭を抑え込めるか疑問です。

インフレによる世界恐慌の恐怖

日本もアメリカとの間で過去に何度も貿易摩擦、通商交渉がありました。とりわけ、一九七〇年の終わりから八〇年代にかけては、すさまじいものがあり、デトロイトの労働者が日本の自動車をたたき壊したり、あるいは繊維交渉にしても、殴り合いをやるほどの交渉をやってきました。これはある意味で資本主義の宿命ともいえます。資本主義というのは、そういう発展段階の歴史を繰り返し、解決をしながら、また次の矛盾をつくりだしていく、という過程なのです。ある矛盾をアウフヘーベン(aufheben)しても、新しい矛盾がつくりだされ、また次の矛盾をつくりだす、これが資本主義発展の社会です。

その時と似たようなことがいま、アメリカと中国、あるいは他の国々との間で起きているということです。いま起きている貿易戦争は、グローバリゼーションの世界ではいつまでも続くものではなく、しばらく経ったらまた次の段階に直面することになり、そしてまた忘れたころに新しい国々が台頭し、新貿易戦争が始まることでしょう。しかし次々生み出される矛盾が金融分野にまで広がれば、世界恐慌へとつながり、最悪の経済状態に陥るリスクは高まります。

金融分野を見れば、中国はアメリカに現状では絶対に勝てません。中国はコテンパンにやられるでしょう。いま世界で人民元を欲しいという人はほとんどいません。世界中がドルを欲しがりドルの価値はどんどん上昇しています。これまでのアメリカはドルが強くなりすぎるのは問題があると考えていましたが、トランプ大統領は構わないという考えのようです。ドルがどんどん強くなると、世界的な通貨安が起きてインフレとなり、世界規模の金融恐慌になる可能性があります。

かつて経済問題で一番怖いのはインフレでした。しばらく世界が怖さを忘れていたインフレが再びやってくるかもしれません。

中国の現状

では、もう一つの大国である中国国内の政治体制はいまどうなっているのかを見ていきたいと思います。

中国は二〇一八年三月一一日、第一三回全国人民代表会議（全人代）で習近平の独裁体制を承認しました。私は、この一年くらい前から、確実に習近平の独裁になるだろうと思ってきました。

中国には三つの大きな権力があります。一つ目は、今回新たに格上げされたに等しい国家主席です。国家主席は全人代で承認されます。しかし、実際に選ぶのは二五名の中国共産党の政治局の委員です。中国共産党の政治局中央委員が選んだ人が、そのまま全人代の権力層を形成するのが普通です。

そして、王岐山という、中国共産党の粛清の旗を振っていた常務委員も、今までの慣例に倣って六九歳で引退となりましたが、今回副主席に登用されました。最初、王岐山が引退したとき、これで彼は終わりだと分析していた研究者が日本では大多数でしたが、習近平にとり大功労者を無下にはできません。

王岐山は、最近わかったところでは一五〇万人もの金と汚職にまみれた悪質な共産党員を粛清したといわれています。彼に対して恨み骨髄の人たち、敵もいることでしょう。このまま彼を、一般の中央委員と同じように引退させれば、彼の命が危ないだけでなく、共産党の内部闘争が激しくなるリスクもあり、その意味もあって、習近平は絶対に彼を登用するだろうと思っていましたが、副主席に登用するとはさすがの人事といえます。

そして国家主席と副主席の任期を連続二期一〇年以上は認めないという制限を、憲法改正して撤廃しました。国家副主席の職は長老の名誉職のような趣がありましたが、従来とは違うものになったといえます。

二つ目の大きな権力は中国共産党総書記です。これは前衛党たる中国共産党のトップとしてかねてから大きな権力があります。三つ目は中国共産党中央軍事委員会主席。

国家主席と総書記、軍事委員会の主席、それが三大権力です。習近平は、その三つを完全に掌握したわけです。鄧小平は、毛沢東のように全権限を掌握してはいけないと考え、軍事委員会の主席以外は権力を持たず、中央共産党総書記にも、国家主席にも就きませんでした。軍の主席のポストだけで全権を掌握し、中国の資本主義化を図っていったわけです。それに対し、このような強大な権力を握って、習近平は何をやろうとしているのか。それだけ権力を持たないとできないこととは何なのか。「習近平個人の権力欲と自己保身のためだ」という見方も、もちろんあります。

共産党優位の政治はいつまで続くか

今から八年以上前、私はまだ中国トップ層の一員となる前の友人と二人だけで長時間話をする機会がありました。その時に彼はこう語りました。「一四億の民の資本主義社会をどうつくりあげるのか。これは人類史上始まって以来のことだ。先進諸国の政治・経済体制は、これからの中国の参考にはなっても教科書にはならない。規模が全然違う。どこにも教科書はない。それを今、中国がやろうとしている。ある意味では壮大な試行の時代を迎えざるを得ないだろう。それに挑戦する……」

社会科学にはベストはありません。常にベターでしかありません。民主主義、自由主義、資本主義、社会、政治、あるいは経済、それらについてどの国のどれがベストというものはない。自分たちの国においては何がベターな姿なのかということを考えなければいけないわけです。

では、習近平はこれまでどのようなことを行ってきたのか。まず、彼は信頼を失っていた共産党の幹部を粛清し、それを国民に明らかにして、共産党に対する国民の信頼を回復しようとしています。

次に、日本の池田勇人元首相が唱えたような、二〇一〇～二〇年の間に所得を倍増すると国民に約束しました。そしてその公約は達成確実な状況です。「パンはペンよりも強し」で、多くの国民が多少の不満はあっても、習近平万歳と言っているのにはこうした部分も大きい。

もう一つは軍隊を再編し、陸・海・空軍にロケット軍というものを新設しました。さらに軍の幹部の若返りを図った。

自らの権力基盤を固めるために、習近平はこうした施策を実行している。そして、二〇二一年には、中国共産党創立一〇〇周年を迎えます。国民が信頼できる「前衛党」とし、共産党万歳というわけです。

しかし、私の考えでは、こうした共産党独裁の政治は、二〇二一年以降、徐々に弱めていかざるを得ないだろうと思います。なぜなら、それでは共産党そのものが腐敗するからです。長く続いた権力は必ず腐敗します。習近平だって腐敗する。そのことは晩年の毛沢東時代を体験している習近平自身、よくわかっているはずだと思うのです。

大国たる中国は将来――たぶん各隣接省の貧富の格差が縮小する時代になれば、五〜六の地域連合、各地域代議員数五〇〇〜六〇〇名くらいに分権化し、集権と分権のバランスを保つ連合国家 United States of China へと脱皮していかざるを得ないのではないかと、私は考えています。

中国がアメリカに追いつけない理由

いったい、国民の幸せとは何でしょうか。私が考えるのは、国民の「心の自由」ということです。人はそれぞれ心の中だけはとにかく自由にものを考えられる。権力者に面従していても、夫婦の間でも、ほとんどすべての面で、「心」が自由であることが人間の幸せの最大の条件です。その「心」が自由であることをもっとも実感できるのは読書です。読書は自由。誰に遠慮もいらない。自由に本を読んで、時間と空間を超えて、アリストテレスであろうとゲーテであろうと対話ができる。だから私は読書が大好きです。「心の自由が大切」ということを学んだのも、学生時代にロマン・ロランの『ジャン・クリストフ』を読んだときがその時でした。『ジャン・クリストフ』は、ベートーベンの若き日々が原型の小説ですが、私は彼がそうしたように、自分自身の心に嘘をついてはいけない。できる限り自分の心に忠実に生きようと思いました。

一四億の民と日本の約二六倍の国土をもち、漢民族を含めた五六の民族の集合体としての世界、政治体制のベストは何でしょうか。もちろん、「心の自由」があったとしても、実際問題として嫌なことをすべてやらなくて済むような社会はありえません。けれども、多くの国民が「心の自由」をどれぐらい「行動の自由」として表現できるか。これを実現できるようにしていくのが指導者の役割ではないでしょうか。

私は先ほど、これからの世界は、中国とアメリカという二つの大国が車の両輪として走る時代になる、けれども、「両輪で走る」と言いながら、同じ大きさの輪ではない、と言いました。いくら政治が安定し、「パンはペンよりも強し」で、国民が食べられるようになったとしても、いつまでも恐怖政治が続くような国では世界の信頼は得られません。現在の中国がどうしてもアメリカに追いつけないもの、それは世界の信頼です。いくら人民元を世界の基軸通貨にしたいと思っても、いつ何時、それまで信じて従っていたこと・ものがひっくり返されるかもしれないような国では世界の信頼は得られません。やはり基本的人権、自由と平等、平和というものがなければ、将来世界のリーダー国たりえません。そのことは、習近平もわかっているだろうとは思います。世界の信用・信頼をどう得ていくか。そのためにまずパンを豊かにし、国民の信用・信頼を確立する。次いで、現在、共産党が主の民主主義ならぬ共主主義を、民が主人の民主主義に変えていく。彼は二〇二一年のあとの、二〇四九年（中華人民共和国建国一〇〇周年）に向けてそのようなことを考えているのではないでしょうか。

そして、日本がGDPで中国に抜かれたとしても、いまなお中国より優っているもの、それは日本が長年培ってきた「世界の信用・信頼」でしょう。次の章以降、日本の将来展望、日本の国是とは何かということをさらに考えていきますが、「世界の信頼」という日本の資産をいかに失うことなく、活用していくかということを最重要に考えなければいけません。

第二章　官僚組織・企業経営者の問題点

官僚が絶対にやらないこと

二〇一八年、いわゆる森友問題をめぐって、財務省が公文書の改竄《かいざん》を行ったことが明るみに出て、社会に衝撃を与えました。私も意見を求められることが多かったのですが、その時に次のようなことを話しました。

官僚が絶対にやらないことが二つある。一つは法律違反。もう一つは前例を覆すこと。

官僚はこの二つは、自分の意思では絶対にやりません。私が中国大使になった時、官僚の先輩から、「法律違反と前例。この二つは、ものすごい壁があるんだ」と言われました。

実際に何かをやろうとすると、若くて、ちょっと偉い官僚がすぐに細かい省令を持ち出してきて、「それはやめたほうがいい。法律違反になる」と言いました。したがって、公文書を改竄することは犯罪にもなりかねないことをよく承知しているはずの財務官僚が独断で法律違反を行うということは、にわかには信じがたいことです。

それともう一つは前例です。前からやってきたいくつかの判断を改めようとしても、できません。その大きな根拠は、先輩諸氏が何十年とやってきたことを否定するということは、先輩を批判することになるからです。しかも前例に則ってさえいれば、それは法律違反ではないということにもなる。

そこで時には都合よく、「今回も前例と同じ」と解釈することで、法律違反にはならないように調整するということも起こりえます。たとえば、憲法解釈を変更し、集団的自衛権を一部容認したとされる、二〇一四年に安倍内閣が行った閣議決定についても、政府は、「いや、あれは中身は従来と一緒で、憲法違反ではありません」と言い張っています。あれと同じです。

どういうことか。たとえば下の者が残した記録に「何月何日に会いました」という事実が書かれていても、トップが「オレはそんなことするはずない」と言ったら、下の者は「やってますよ」とは言えない。それに合わせて改竄をする。二重の文書ができるわけです。「オレは今までと同じことをしている」と言われれば、下の者も「これは今までと同じだ」ということになる。それも前例に則ったものである、そう言われたら当事者に「改竄」という意識はないんです。法律違反についても、過去を熟知しているトップが「そうではないよ」と言ったら、していないのです。

これが「忖度《そんたく》」という言葉で言い表されているものの実体だと思います。忖度というよりも、前例主義。トップの言うことが真実、オルターナティブファクトだというわけです。

これは長い間の日本の官僚制度の因習です。学生から初めて社会に出て、入省して役人になった時から、そういうふうに先輩がやっているのを見て「ああ、こういうふうにやるものだ」と学んだものでしょう。

定義の曖昧さと日本社会

私の経験からいうと、経済界も同じです。「これは経産省の指示に基づいて適正に処理をしております」と言えば、実はきちんと処理していないんだけれど前例に従ってやっていますから問題ありません、という主張になるわけです。

日本社会はゲマインシャフト、村落共同体、農耕社会です。同じような民族同士で二〇〇〇年近く続いてきたわけです。他民族を入れない、混じり合いがないから、ものを言わなくても、お互いに目と目でわかる、というので、激しい論争は起こらず、言葉の定義(definition)というものについても曖昧模糊《あいまいもこ》としたまま、「わかるだろ?」でやってきた。日本人同士なら、それでもよいわけです。

ところが、だんだん現実が拡大してくると、言葉の定義というものをはっきりさせないと、お互いに違うことを考えながら実は同じ言葉を使っていた、という事態が起こり得ます。ゲマインシャフトではなくてゲゼルシャフト（利益社会。各人がお互いの利益関心に基づく契約社会）になったり、あるいは異民族がたくさんいる社会になると、言葉の一つ一つの意味、定義をはっきりさせないと社会の共通理解は成り立たなくなるわけです。

実は軍隊というところは、意外に言葉の定義、権限の定義がはっきりしています。大本営作戦参謀だった瀬島龍三氏が、戦後民間企業に入って最初にやったことが言葉の定義でした。

部長とは何者だ？　部下とは何者だ？　ということをいちいち明確にしていくわけです。役職でも、部長、部長役、課長、課長役、その違いは何だ？　一般の人は、「部長も部長役も同じじゃないの？」と考えがちですが、実際に部下を持った者を部長という、部下は持たないけど、部長に等しい待遇を受ける人、給料面で部長と同じ位に立つけれども、部下がいない、そういう人を部長役という、というように、定義を決めておけば争いは起きないわけです。「それは部長の仕事だ」と言った時には、部下を含め権限・責任を負う仕事ということになる。「それは部長役の仕事だ」と言ったら、部長役個人の仕事となる。というように定義を明確にする。さらに権限とは何か、責任とは何か、をはっきりさせる。企業組織が非常にクリアになったことの一つです。社内で議論をする時にも権限・責任が明確になりました。

そのわりには、第二次世界大戦中の瀬島氏がやってきたことは、ぜんぜん明確ではないという声も聞きます。それは一つには、戦前の日本社会そのものというか、国家体制と関係があると思います。戦前の日本は家父長制で、それぞれの家の中で家長が絶対的な支配権を持っていました。その延長線上に国体としての天皇が存在するという構造になっていました。そこでは一見、権力はすべて家長や天皇にあるようにみえますが、その反面、何があってもトップが責任を取るというものではありませんでした。最終段階では、「いやいや、親父がいなくなったら家がおさまらない。彼に責任を取らせるわけにはいかない」と責任の所在は曖昧にして不問に付すという、これまた日本的な考え方がみられました。

なぜそうなるかというと、それはやはり先ほども言ったように、日本社会がゲマインシャフトだからです。同じ民族で、同じ地域で、何十年もずっと同じ顔を合わせる住民同士で農作業を営む農耕社会だったからです。和を大切にして、同じ仲間で、同じ所でなるべく事を荒立てないようにやる、変わったことをやる者は村八分にする、というのが日本社会の伝統的なあり方でした。獲物を獲ってきた者が強いし偉い、という狩猟社会とは異なるわけです。

外国人が日本の企業に入った時に一番理解不能なのはそこです。いったい誰が権限を持って、責任を持っているのかがよくわからない。権限も、責任もない上司が、ただ偉そうな顔をしている。それが同じ民族ならいいけれど、外国人が来たらそうはいかない。「オレの給料とか、昇給は誰が決めるんだ？　わけがわからない。こんな不明朗な会社にはついていけない」と言って辞めていくわけです。

最近は、いよいよそれでは済まなくなってきました。かつての日本社会を知らずに育ってきた若い人たちはそのことをよくわかっていますし、何よりインターネットが出てきたことで、嘘をついてもすぐに露顕するし、内部告発も行われるようになって、権力者が「こうだ」と言えばみながそれに黙って従う、ということにはならなくなってきた。最近、スポーツ界で若い選手たちが、その世界で「ドン」と呼ばれる人たちの「パワハラ」を公然と告発するようになったことにも日本社会の変化が表れています。そうした意味でも日本はいま大きな転換点を迎えているように感じられます。

現在の日本の企業社会の問題点

最近の日本企業を見ていて一つ気になっているのは、政府のあと押しで東京証券取引所が策定した「コーポレートガバナンス・コード」のなかでも、導入が奨励されている社外取締役制度です。社外取締役は独立性が高く、外部の視点で経営のチェック機能を果たせるといいます。

さらに、法律によって社外取締役の設置を義務づけることも決定されていくようです。

しかし今、社外役員をやっている人たちの本音を聞くと、そんなものは茶番劇、大部分はみんなで忖度し合って、一部を除きまっとうな発言がほとんどできていないといいます。

社外取締役制度で一番問題なのは、日本には「プロの経営者の市場」が存在していないということでしょう。たとえばA社の社長をやった人が、次は競争相手であった会社の社長になるということは、日本ではほとんど考えられません。海外では同業他社であろうと、その人を経営のプロとして雇うわけです。そういうケースは、日本では全くと言って良いほどありません。

日本では社外役員候補の市場がなく、昔の名前だけで選ばれるという人がほとんどです。「こんな有名企業の前社長、大企業の前会長がウチの会社の社外役員に来てくれている。だから、わが社は、立派な会社です」という、箔づけのために行われている感があります。

実情はアメリカでも似たり寄ったりのようで、アメリカでも、これをウィンドウ・ドレッシング(陳列窓の飾り付け)と呼んでいるといいます。

日本はそれをそのまま無批判に取り入れて、そういう人間が多ければ多いほどいいと思っているわけです。けれども、社外の人間で常勤でもなく、時々しか会社に来ない人から経営について「ああだ、こうだ」と言われなければやっていけないとしたら、その会社の生え抜き経営者たちはよほど自分たちの能力に自信がない証拠だというべきでしょう。

たとえば、食品会社の社長をやっていた人が鉄鋼会社に行っても、たとえ前にいた食品会社が立派な会社だったからといって、鉄鋼会社のことがわかるとは思われません。でも、そのようなことは承知のうえで、あっちからこっちへと社外取締役を渡り歩いているわけです。

私自身も以前は五つぐらい社外取締役を経験したことがあります。商社でいろいろなビジネスを経験しましたから、ある程度のことは言えますが、やはり本当に詳しいことになるとその会社のことはわからないと痛感しました。ある大手製造会社の社外役員をやった時には、工場を見せていただき、社長の案内で工場へ行って、社長が工場の従業員とどういう話し合いをしているか、社長にどの程度の知識があるか、どういう工程でこれができ上がっていくのか、原料や製造のことを勉強しましたが、同じようなことを四つも五つも別の会社で同時に行うことは不可能です。ウィンドウ・ドレッシングでやっているからできる。これを見たアメリカ人から「日本は、一生懸命ウィンドウ・ドレッシングをやっている。われわれ同様たいした役に立たないのに」と言われています。

たとえば、「伝説の経営者」といわれるジャック・ウェルチ（元GE最高経営責任者）自身、「誰が指名委員会の委員長になるか自分は前から知っていた。だから、社長になる前から、彼と親しくしていた」、そう考えてつき合っていたと告白していました。結局は自分と親しくしていた人たちの意見に従って決めるということは、人間の世界である以上、当然ありえるわけです。

かえって膨れ上がる役員報酬

それからもう一つ、社外取締役が増えれば増えるほど役員報酬が上がる、それを利用して金儲けをする人が出てくるという傾向が見られます。たとえば、情報通が高額役員報酬の会社のリストを作る。それを見て、「あの会社がこれだけ出しているなら、ウチも出さないわけにはいかない」「あんな会社が一億出しているなら、うちは一億五〇〇〇万出そう」と言えば、その会社の他の役員たちも自らの報酬が増えるから、ほとんど全員反対しないわけです。それで有名人が四つも五つも社外取締役を兼任しているような会社では、みながお互いに報酬を増やし合う。そうやって社外役員同士が巨額の報酬を受け取るという構図ができ上がる。

従来、日本の企業は社員全員で仕事をしているのであって、一人の社長が、「オレがすべてやったんだ」ということは通用しない、儲かったのであれば、若い従業員たちにボーナスで報いるべき、と言われてきました。ところが、最近それが変わってきました。「だって、あそこの会社の社長があれだけもらっているんだから」という理屈で、一人で何億以上という巨額の報酬を受け取る経営者も数多く現れるようになってきました。それはいくら何でもひどすぎるじゃないか、チームで仕事をしていて、たまたまうまくいったときに社長の座にいた人だけが、全体の利益の一〇％も持っていく、これでは社員のやる気が低下する、という批判的な意見はもちろんあります。しかし社長の息のかかった人物を報酬委員長にしてしまえば、社長の意のままに動くのが常識、チェック機能が働きません。

業界全体の収益力というものがあります。ある企業が一社だけそこから飛びぬけてたくさん稼いでいるのであれば、それはそのトップのおかげかもしれません。けれども、日本はチーム野球です。何もその人だけがとりわけ多くもらう理由はないというべきでしょう。

一〇人の役員の中で、たたき上げは一人だけで、あとは全員社外役員というような会社をアメリカから来た人が「これは素晴らしい会社だ」と、やたらと持ち上げる。逆に、社外役員が二名しかいない会社は海外からの評価が下がる、株価に影響する、という理由で、社外役員を増やすわけです。そうすると、今度は待ってましたとばかりに、海外のアナリストたちがランクを上げる。それをまた新聞が「半数が、社外役員」「ガバナンスが非常にしっかりしてきた」などと書き立てます。困ったものです。

私が社長を務めていた時は、社外役員を一人も置きませんでした。「なぜ置かないんですか」と質問を受けると、「会社のことを一番知っているのはわれわれなんだから」と答えていました。それに対して、「会社の人だけでは、会社の中の意見だけしか出なくて、世間の常識が通らないのでは」と問われたら、「常識は、われわれも持ってるんだ。ウチの役員が、突然入ってきた人よりも判断力が鈍いとは思わない。そのための教育もやってるんだ」と答えていました。

社外役員が多ければ多いほど、業績が本当によくなっているのか？　アメリカで不祥事を起こした企業は社外役員が全然いなかったのか？　ドイツではどうか？　インドではどうか？　経営学者たちは、社外取締役制度と業績との比較をきちんと実態調査・研究すべきです。

そして、社外からチェックの目を入れた方がよい成績が出るというのであれば、役員だけではなく、監査役にもなってもらい、監査役を増やす。特に監査役をとおして経営をチェックするという体制にするのが本来のあり方ではないでしょうか。

ゴーン氏逮捕に思う

ここまで書いたところで、高額役員報酬を受け取っていたことで知られ、長年にわたって大手自動車メーカーのトップを務めてきたカルロス・ゴーン氏が、突然逮捕されるという報道に接しました。事件の真相がまだよくわからない現時点で、軽々しくコメントすることは控えたいと思いますが、メディアはこの事件を一過性のスキャンダルとして興味本位に取り上げるのではなく、日本と欧米との企業経営のあり方の違い、仕事に対する考え方、文化の違いといったところまで掘り下げたうえで、これからの日本の経営のあるべき姿を議論するきっかけにしてもらいたいと思います。

たとえば、①日本の経営は一人の経営者の力だけではなく、多くの社員の力の結集であることを根幹におく。②経営者はステークホルダー（企業の利害関係者）より一定期間、経営の委託を受けたものだということを自覚する。③会社の業績と経営者の報酬については、社員の仕事と経営者の仕事、それぞれの価値、貢献度は相対的なものであることを踏まえて報酬のルールを明確にする。④一時間当たりの経営者の報酬と社員の平均報酬（諸手当も含めた）を可能な限り公表する、といったことが考えられるでしょう。

以上は思いつくままの試案ですが、社外取締役のところでも述べたように、コーポレートガバナンスをめぐるこの種の議論では、データに基づいた議論が不可欠だと思います。時間当たりの経営者と社員の報酬の相対比較を出してみれば、恐らく驚くような結果が出るのではないでしょうか。

もう一つ、ゴーン氏の場合、二〇年近く、経営トップの座にいました。事件の真相はともかく、一般論としていえば、長くやればやるほど、権力は腐ります。公私混同しがちになるということも、もちろんありますが、その企業にとって最大の問題は後継者がいなくなってしまうということでしょう。トップと部下との年の差が親子ぐらいに離れてしまうと、トップの言いなりになって、優れた判断のできる後継者が育たなくなってしまいます。やはり、早く後継者を見出して育て、しかるべき時に道を譲る、ということが経営者の責務の一つです。この点については、また第七章で触れたいと思います。

II

地球と世界の大問題を考える

——専門家との対話

「日本のこれから」を考えたとき、将来起こりうると予想される事態やリスクをどう考えるかが問題となります。一つは、地球温暖化による気候変動の問題。「はじめに」で見たように、日本の食料自給率は三九％です。六割以上を海外からの輸入に頼っています。

私がニューヨークに駐在していた時に、アメリカが突然大豆の輸出禁止を決定、日本国内が大騒ぎになったことがありました。アメリカの干ばつで、大豆の生産量が足りなくなってしまったのです。気候変動によって干ばつや冷害が起こり、日本の食料事情に大きな影響が及ぶことが考えられます。二〇一八年は四一度の最高気温（埼玉県熊谷市）や、二一、二四、二五号などいままでにないスーパー台風が発生し、一兆円以上の風水害の被害を被りました。

また、日本は地震大国です。専門家の間では近い将来に巨大地震の予測も出ており、どのように備えるかといったことも考えていかなければなりません。

さらに最近、ＡＩ（人工知能）やロボットの進化が進み、「人間の仕事が奪われる」という見方も出ています。これらの問題についてどのように考えたらよいのか。専門家を訪ね、さまざまな疑問について思い切った意見をうかがうことにしました。

第三章　地球温暖化問題はどうなるか
――対談・竹本和彦（国連大学サステイナビリティ高等研究所所長）

たけもと・かずひこ　一九七四年環境庁（当時）入庁。大臣官房審議官（地球環境担当）、環境管理局長などを経て、二〇〇八年より地球環境審議官。二〇一四年より、国連大学サステイナビリティ高等研究所所長。東京大学（IR3S）特任教授、SDSN Japan 事務局長を兼務。著書に『地球環境とアジア』（岩波書店、共著）、『低炭素都市――これからのまちづくり』（学芸出版社、共著）等。

温暖化の仕組み

丹羽　日本の将来、世界の将来にとって地球温暖化は大変だ、という話は、新聞等のメディアでさんざん取り上げられておりますけれども、国民の感覚としては「本当のところはどこまで大変なんだ？」と、具体的なイメージがなかなか湧きにくいように思います。気温が一度、二度違うというのは、どのぐらい大変なことなのか。「将来、日本はフィリピンみたいな気候になる」のか、「温帯地域が熱帯になる」ということなのか、よくわからない。

そして「われわれ人間は、いったいどう対応したらいいのか」ということを、ぜひうかがいたいと思います。

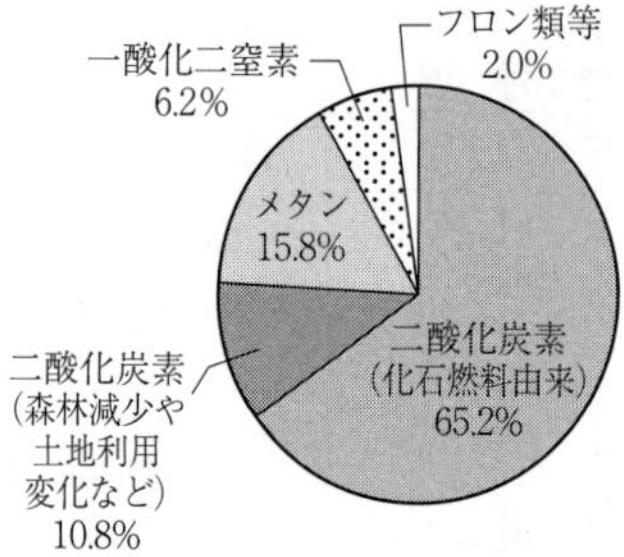

出典：人為起源の温室効果ガスの総排出量に占めるガスの種類別の割合（2010年の二酸化炭素換算量での数値：IPCC第5次評価報告書より作図），気象庁HPより https://www.data.jma.go.jp/cpdinfo/chishiki_ondanka/p04.html

図3-1　温室効果ガスの排出割合

竹本和彦　わかりました。

まず、現在科学的に実証されております「温暖化の仕組み」から説明いたします。大気中に温室効果ガスがなかったら地球はマイナス一九度の世界になってしまうところ、温室効果ガスがあるがゆえに、住みやすい環境になっています。

ところが、温室効果ガスがどんどん増えていくと、今までの状態から変化が生じていきます。温室効果ガスには、いくつか種類がありますが、やはり二酸化炭素（CO_2）がメインとなります。メタンは出る量は少ないのですが、温室効果への影響の度合いは二酸化炭素に比べて非常に大きい。従いまして、図3―1にある通り、メタンや一酸化二窒素のような物質も、温室効果全体にはそれなりに影響があります。

表3-1　主要温室効果ガスの地球温暖化係数

気体名	地球温暖化係数
二酸化炭素(CO_2)	1
メタン(CH_4)	25
一酸化二窒素(N_2O)	298
フルオロメタン(HFC-41)	92
パーフルオロメタン(PFC-14)	7,390

※地球温暖化係数：CO_2と比較した場合の各温室効果ガスの温室効果の強さを示す
出典：地球温暖化対策の推進に関する法律施行令第4条

丹羽　表3―1にあるパーフルオロメタンとはどういうものですか？

竹本　これは、フロンです。

丹羽　フロンは、何からつくられるのですか？

竹本　フロンの原料はメタンです。フルオロメタンとパーフルオロメタンの二つは、フロンガスの一種で、断熱材や冷媒によく使われるものですが、こちらも温室効果があるので、世界全体として代替していく方向になっています。

この二つのフロンは、オゾン層を破壊するということが科学的に実証されています。そのため代替フロンを考えたものの、それにも温室効果があるということになって、さらに代替の代替を考えるということで、これはなかなか大変なのです。

人口増加がもたらす影響

竹本　次に、途上国問題です。図3‐2をご覧ください。二〇一〇年のところでちょうど先進国と途上国からのＣＯ^{2}排出量がほぼ同じ程度になっています。よく言われる、「もっぱら先進国の排出量が温暖化の主原因であり、途上国はまだこれから発展していく余地がある」という言い分が、二〇一〇年以降は言えなくなってきています。そして、これを放っておくと、途上国からの排出量がどんどん増えて先進国の倍以上になってしまう。その原因の一つとして、人口増加があげられます。特に中国やインド、ブラジルといった新興国では深刻な問題です。

丹羽　人口に比例しますか？

竹本　人口は大きい要因ですね。

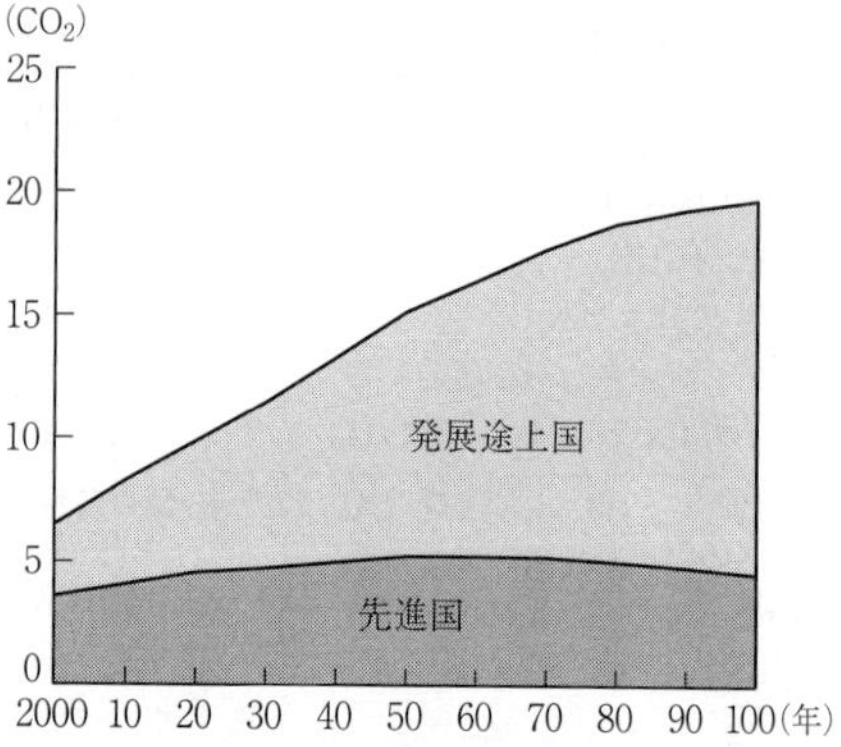

出典：Kainuma et al., 2002: Climate Policy Assessment, Springer

図 3‐2　CO_2 世界排出量の推移と予測

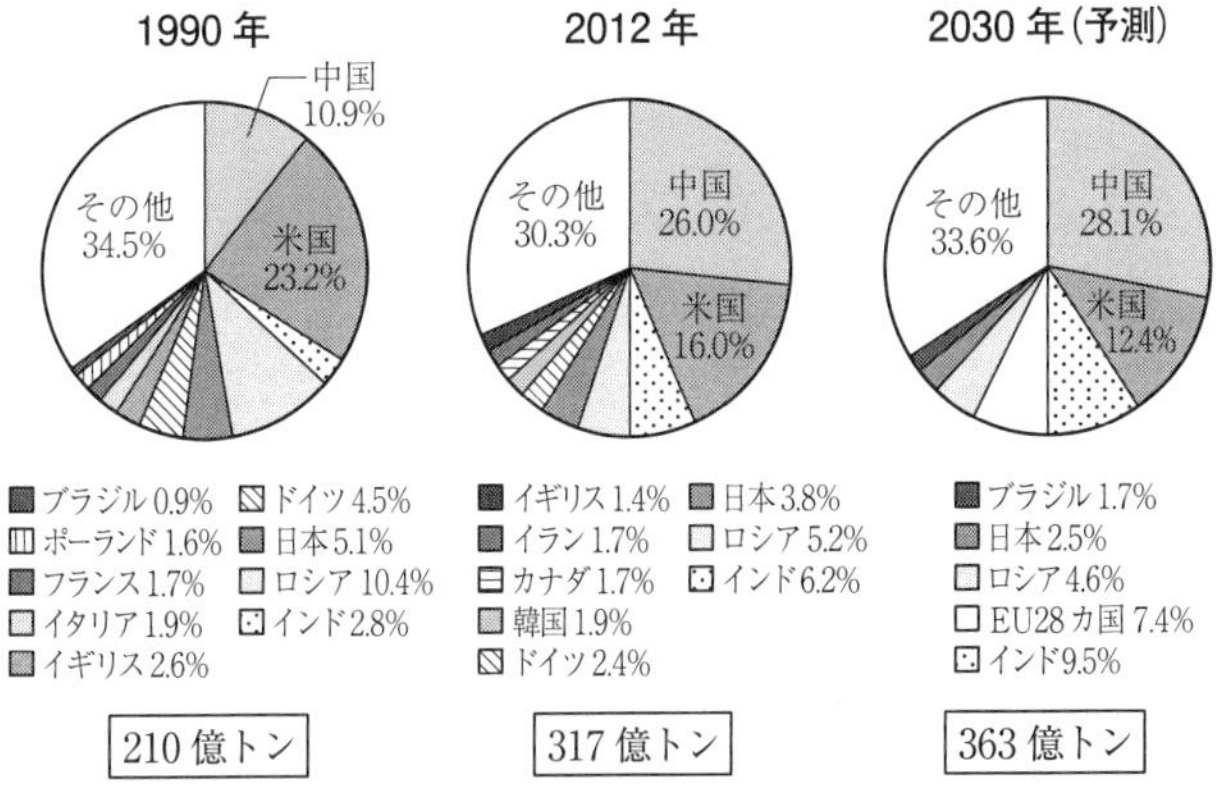

CO_2 Emissions from Fuel Combustion (IEA), World Energy Outlook (2014 Edition, IEA) に基づいて作成

図3-3　国別エネルギー起源 CO_2 排出量の推移

丹羽　これらの国々が皆、日本やアメリカ並みの生活をしたらこうなる、ということですね。

竹本　図3―3のとおり、二〇一二年、それから三〇年のエネルギー起源CO_2排出量の予測を見ますと、中国がアメリカを追い抜いて世界一の排出国となっています。インドも相当増えると見られています。

次にCO_2の濃度ですが、こちらも実際増えています。日本の科学的貢献としてのGOSAT（温室効果ガス観測技術衛星「いぶき」）という地球観測衛星による観測結果なのですが、最新のデータは四〇〇ppm。かつて二八〇ppmだったところ、年々増えてきています。

丹羽　二八〇ppmだったのは、いつごろの話ですか？

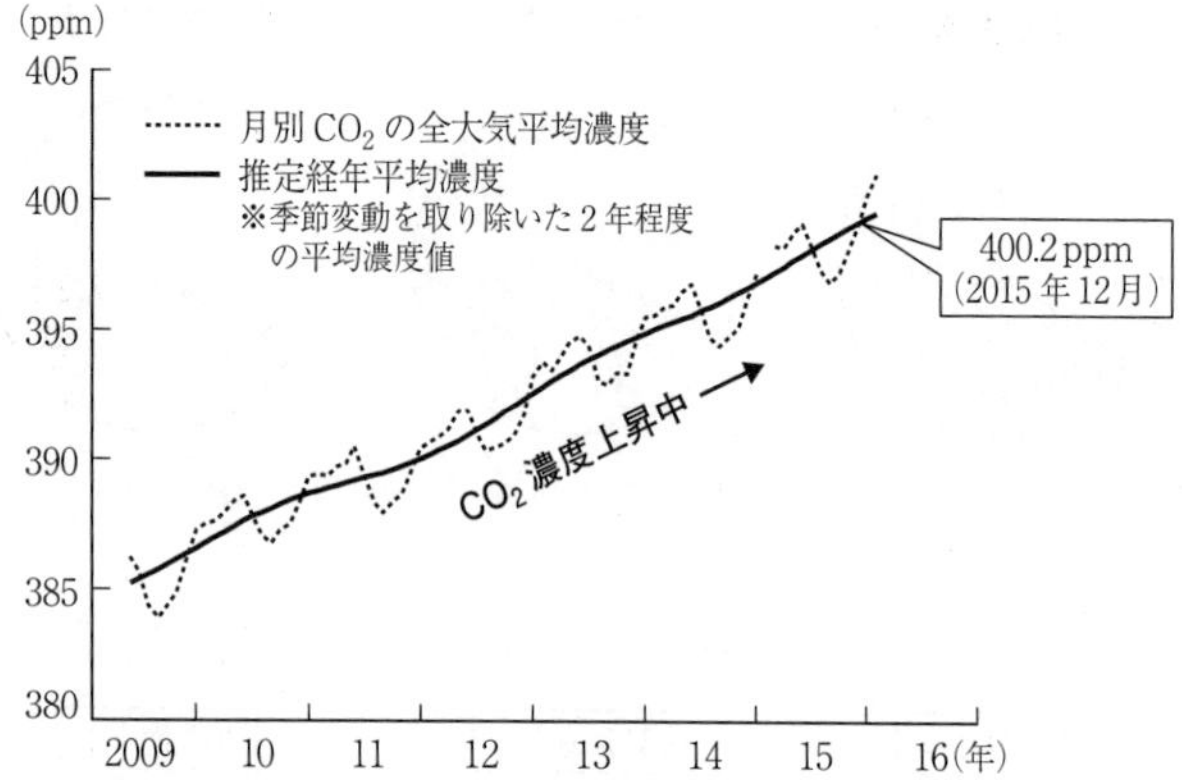

出典：GOSAT プロジェクト(国立環境研究所，宇宙航空研究開発機構，環境省)

図 3-4　全大気平均 CO_2 濃度(観測事実)

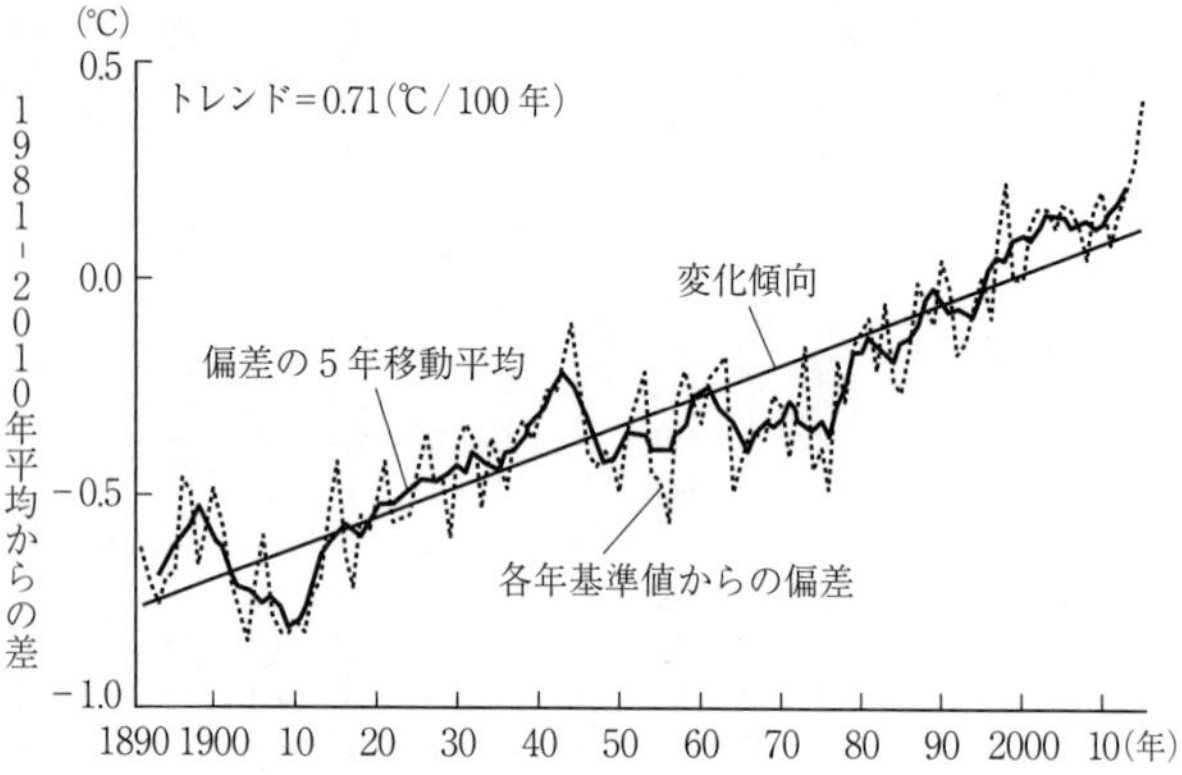

出典：気象庁「気候変動監視レポート 2015」

図 3-5　世界の平均気温(観測事実)

竹本　産業革命以前です。図3―4をご覧いただくと、二〇〇九年から最近までも増えていることがわかります。月別平均濃度の線がなぜデコボコしているかというと、季節による変動があるからです。植物が増えて吸収する時期があり、そこから放出される時期との季節差があります。

次の世界の平均気温のグラフ(図3―5)は、実観測で、地上での定点観測による世界のデータを、気象庁がまとめて発表しているものです。これも、季節によってデコボコするものを均していくと一〇〇年当たり〇・七一度上昇しています。今後も世界の人口は増えていきますから、よほどのことがなければ、このグラフが急に下向きになることは考えにくい。やはり基本的に、これから温度は上昇していくことになるでしょう。このトレンドを反転させるのは、なかなか一筋縄ではいかず、困難を伴うことになります。

しかしそのまま放っておいていいのかというと、次の図3―6に示すとおり、パリ協定で各国が掲げる目標を、各国がきちんと約束を果たしたとしても、二一〇〇年には三・五度上昇するという予測があります。パリ協定の目標である二度未満に到達するためには相当な努力が要ります。

何もアクションを取らないと四・五度上昇になるところを、みんながパリ協定に基づき登録した対策をしっかり実現すると三・五度上昇なのですが、それでも二度よりはオーバーしてしまいます。これによりどういう影響があるか、科学的な分析には、必ずＩＰＣＣ(Intergovernmental Panel on Climate Change)というものが登場します。

ＩＰＣＣとは「気候変動に関する政府間パネル」といいまして、世界の政府間会合で科学的な知見をレビューする機関です。世界で発表された科学的知見の評価をして、世界全体としてはこういう方向だというものを評価していく。そういう政府間のパネルが、一九八八年に設立され、アル・ゴア氏がノーベル平和賞をもらった二〇〇七年に、ＩＰＣＣも組織として平和賞をもらっています。

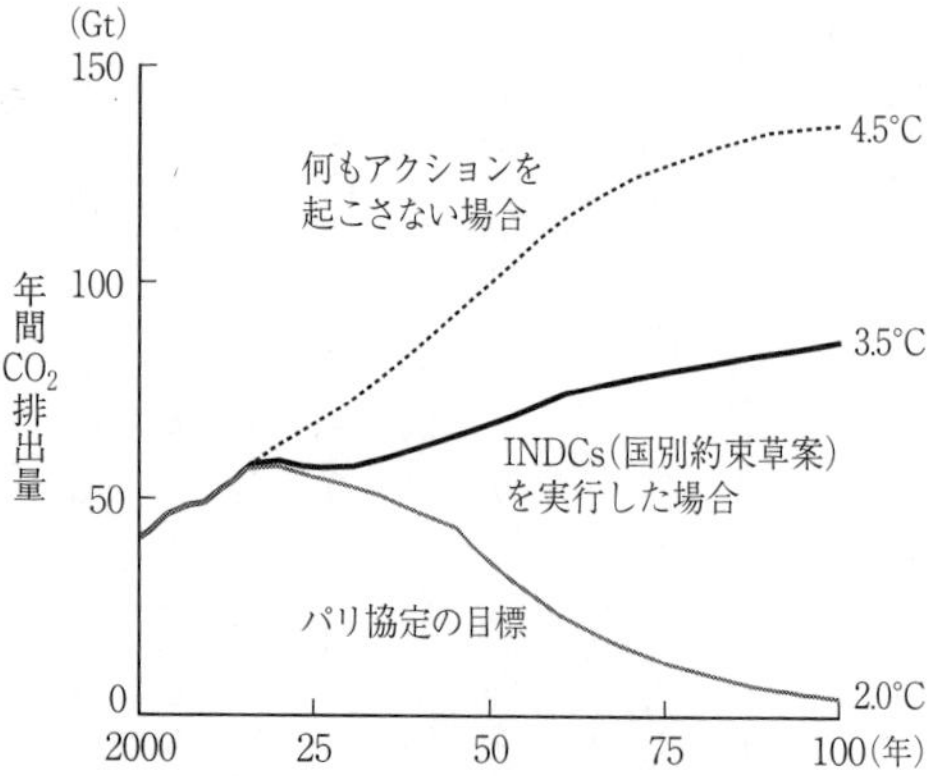

出典：28 September 2015, www.ClimateScoreboard.org

図3–6　世界の温室効果ガス排出量シナリオと平均温度上昇予測

気温が一度上がるとどうなるか

竹本　平均地上気温が一度高くなると、大雨などの異常気象によるリスクが高くなります。また、深刻な影響を受けるリスクにさらされる生き物がいまよりも増える。二度上がった場合は、たとえば海水の温度が上がりサンゴがやがて白くなって死んでしまうかもしれない。三度上がった時には、グリーンランドなどの氷床が大規模に溶けて戻らなくなり、海面が上昇するかもしれないと言われています。マクロではこんな話になるのですけれども、丹羽さんが言われたように、本当に肌感覚では一般の人にはわかりづらいですね。

二度上がっていきますと、動物や昆虫は移動します。けれども、植物など移動できないものは、直に影響を受けてしまう。

丹羽　二度平均というと、どのぐらいのものですか。

竹本　図3-5にあるように、世界の年平均気温は、一〇〇年あたり〇・七一度の割合で上昇しています。この影響は地域によってまちまちです。あまり影響が出ないところもあれば、すごく影響を受ける所もあります。地域の植生であるとか、山の迫り具合、それから緯度などの要因がありますけれども、集中豪雨は、データから見てもその頻発度がものすごく増えています。

丹羽　一〇〇年で〇・七一度と聞いたら、「たいしたことはない」と、みな、思ってしまいがちですね。

竹本　そうなんです。

丹羽　一〇〇〇年前とは七度違う？

竹本　明治時代ぐらいまでは、データもないので想像ですけど、気温は以前とそう変わらなかったのではないかと思われます。日本もそうですが、世界全体の経済活動も踏まえると、産業革命の一八〇〇年代から急激に今の現象が始まったと考えられます。

グリーンランドの氷を掘って、何年も前に遡ってCO$_2$の濃度を測っています。

丹羽　今の日本の気温が一度高くなったとすると、地球上のどこと同じぐらいになりますか？

竹本　沖縄の平均気温と東京の平均気温の差が一度と二度のあいだですよね。

丹羽　一度というと、沖縄程度ですか。それなら、多くの人は、まあ普通に生活できると思ってしまうかもしれないですね。

竹本　人間は、適応してしまうんですよ。でも二〇一八年七月の西日本豪雨を見ればわかるように、防波堤などの適応対策が追いついていけないという面があります。

一度の気温上昇というと、たいしたことないという印象を持たれがちかもしれませんが、たとえば感染症を媒介するような蚊が、ある地域では一度上がっただけで地域をグッと北上するという話もあります。デング熱の感染等、人間への影響も出てくると思いますね。

丹羽　人間が強力な殺虫剤をたくさん使うと、それがまた環境を汚染するとか、さまざまな影響が出てきますね。

竹本　そうです。それから、異常気象で、台風やハリケーンなどの災害が頻発しているわけで、経済的な損失も出ています。保険にも影響が出るので、保険業界は、ものすごく敏感に反応しています。

ヨーロッパでは熱波で多くの人が亡くなっています(二〇〇三年八月熱波では、フランスで約一万四八〇〇人、イタリアで約三二〇〇人、ポルトガルで約二一〇〇人が死亡)。ですから、移動したり、クーラーを付ければいいじゃないかという話もありますが、アメリカのハリケーン・カトリーナ(二〇〇五年)の時のように、経済状態とも関係していて、貧困な人ほど影響を受けてしまうのです。

丹羽　天候の変化が血圧に影響するとか、人間の臓器にストレスがくるとか。温度や湿度以外にも微妙な影響が出てくるでしょうね。

経済成長率の場合、平均経済成長率が四％とすると、上下の幅が年によって上が五割以上あるんですよ。一九五五〜七三年の一八年間、日本の平均経済成長率が九％の時は、上下を見ると、一番上が一二〜一三％で、下のほうは四％で、それを均すと九ということ。

中国の経済成長率が一〇％ということは、上が一六、下は四とか、五になっている。これを平均しているわけです。これと同じで、気温も平均二〇度ということは、上は二五度、あるいは三〇度近くて、下は一〇度とか……。

竹本 そういうことですね。年平均ですから、冬もあれば、夏もある。その中で均していますから。

丹羽 たとえば過去三〇年間、東京の気温というのは、どのくらいの幅のなかで平均二〇度です、ということで説明しないと。

生物への影響

竹本 それは、おっしゃる通りです。

ＩＰＣＣでは、ＲＣＰ（Representative Concentration Pathways）といって、大気中の温室効果ガス濃度などがどのように変化するかを仮定したシナリオをつくっています。それによって気温が

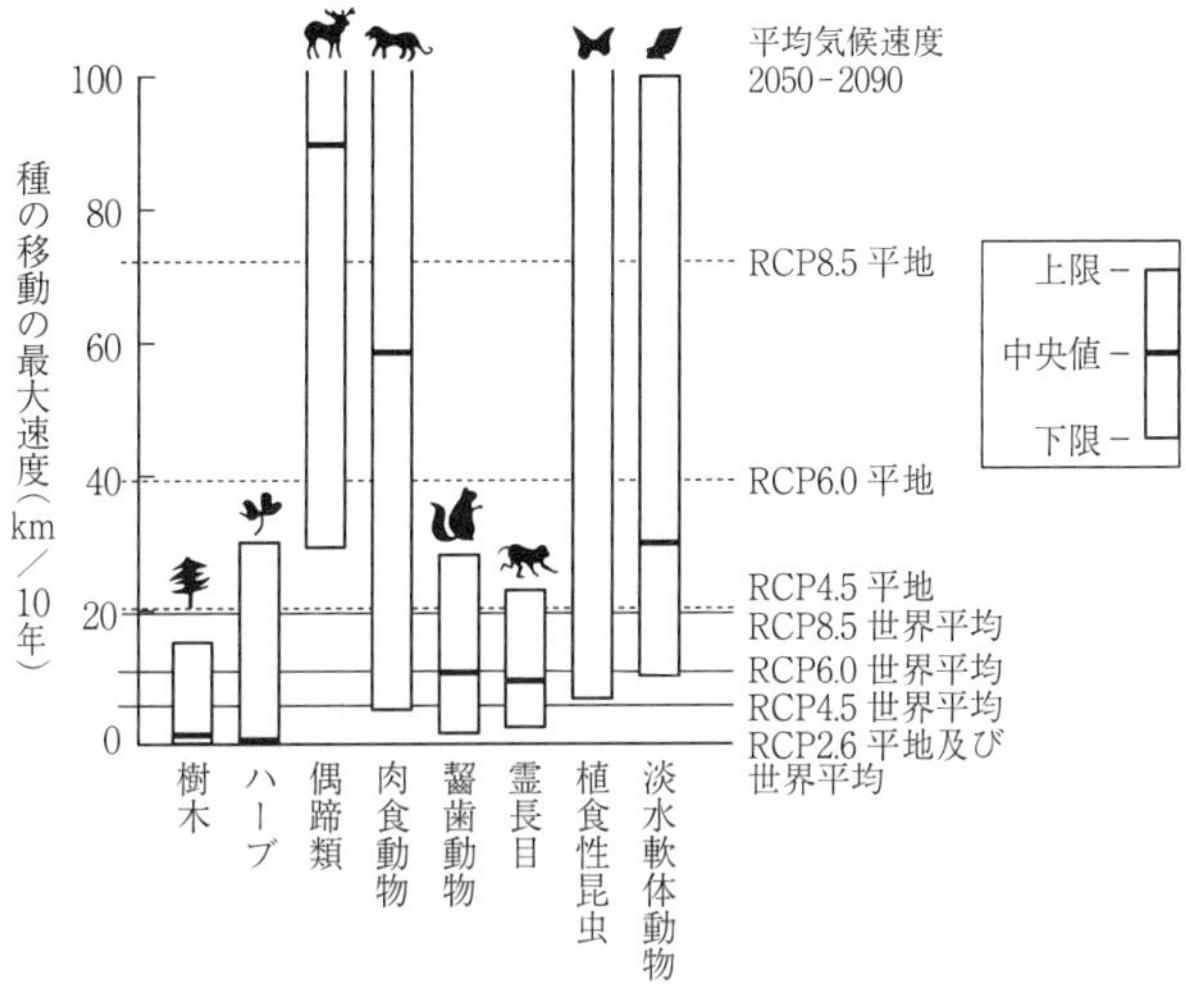

出典：IPCC AR5 WG2 SPM Fig SPM.5

図 3-7　予測された気候速度と種ごとの最大移動速度

急激に上がるシナリオと、ゆっくり上がっていくシナリオと、いくつかのパターンがあるのですが、それに対応して動物や植物も徐々に移動します。

その度合いを見た図3-7によれば、影響が出てきても、鳥や蝶などは移動して生息域を変えていきますが、樹木、ハーブなど移動できない種は影響を直に受けてしまう。当たり前の話ですけれども、サルや人間といった霊長目もそれほど簡単に移動できません。

丹羽　新しい植物が出てきますね。人間の食べ物も、変わるでしょうね。

竹本　変わりますね。

丹羽　気になるのは、今後、世界の人

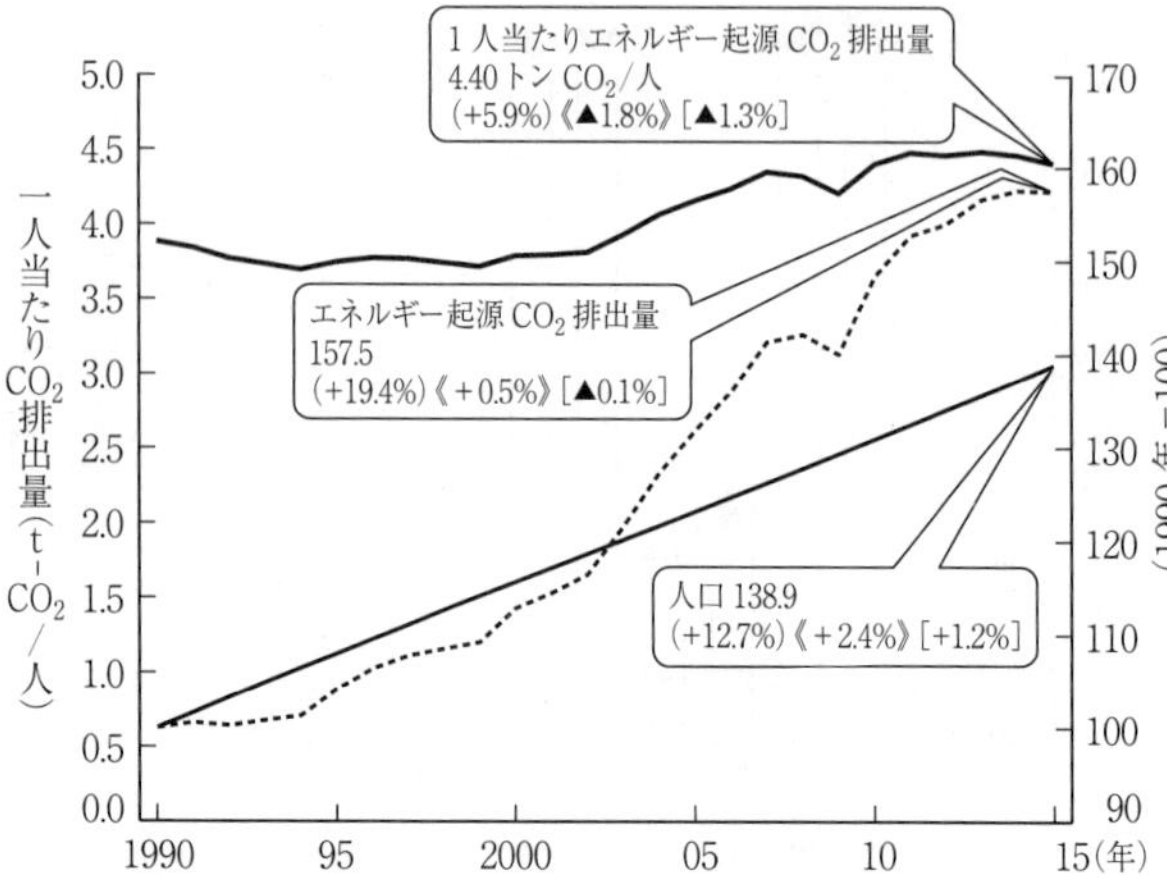

※(2005年比)《2013年比》[2014年比]
出典：CO_2 Emissions from Fuel Combustion 2017(IEA)(環境省2016年度(平成28年度)温室効果ガス排出量　確報値資料より抜粋)

図3-8　世界の1人当たり CO_2 排出量(エネルギー起源)の推移

口の増加が見込まれていますが、それはCO_2の問題に影響があるのかどうかです。

竹本　この図3-8をご覧ください。二つのことが言えると思うのです。エネルギー消費量に伴ってCO_2は当然増えるわけですけれども、人口の増加に並行してエネルギー消費に伴うCO_2が増えているわけではない。これは、ちょっと楽観にすぎるかもしれませんが、それはいろいろ努力をしているからです。再生エネルギーに転換をしたり、燃料を変えたり。しかしながら、個人のエネルギー消費はどうしても必要です

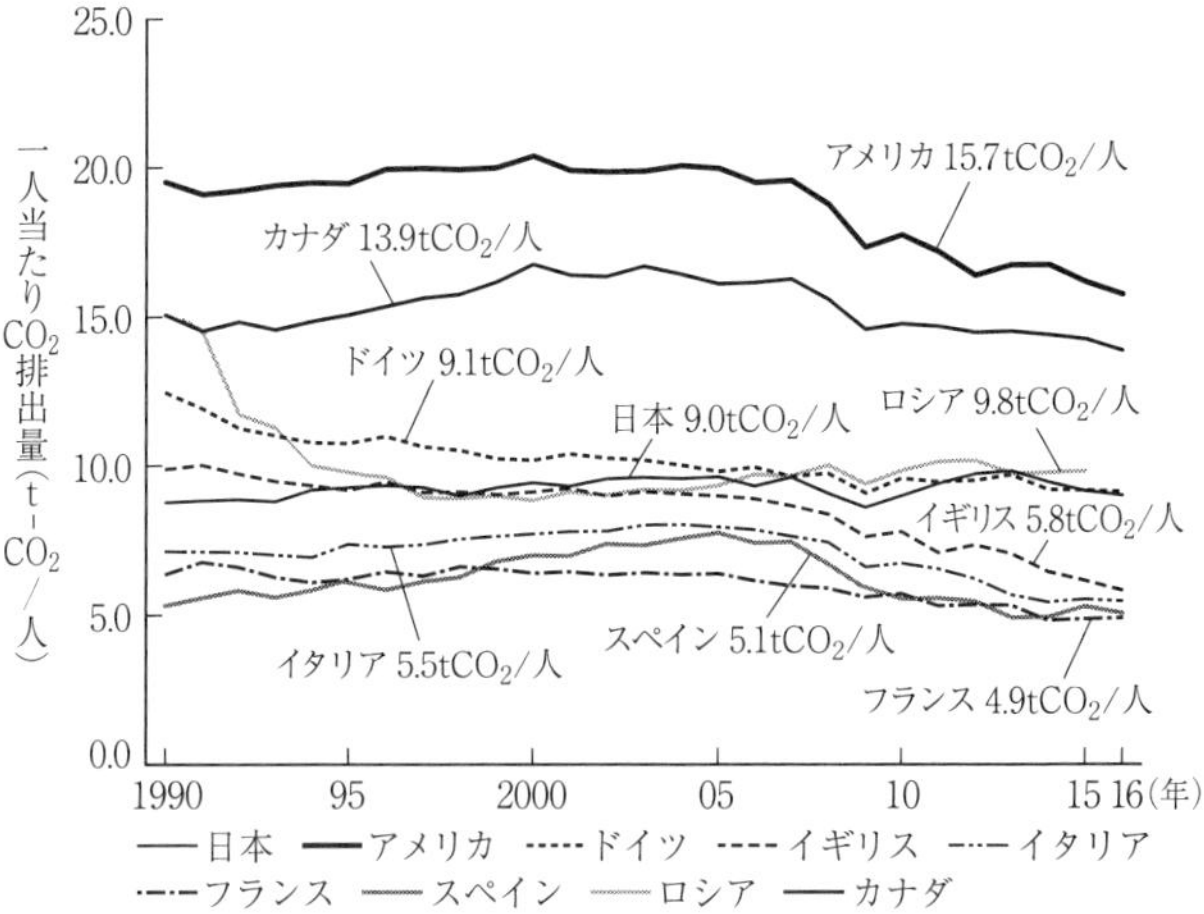

※ロシアは2015年まで
出典：Demographic Statistics（UN Statistics Division）〈ロシア以外の人口〉，CO_2 Emissions from Fuel Combustion 2017（IEA）〈ロシアの人口〉，19 Greenhouse Gas Inventory Data（UNFCCC）を基に作成（環境省2016年度（平成28年度）温室効果ガス排出量　確報値資料より抜粋）

図3-9　各国の1人当たりCO_2排出量（エネルギー起源）の推移

し、都市に集中しますと都市のエネルギーも必要になってくるという点で、人が一人増えることによってＣＯ２の排出量は増えます。

次に、一人当たりのＣＯ２の排出量の推移（図3-9）ですが、アメリカ、カナダ、ロシアが多いですが、日本はドイツと同程度です。

丹羽　このグラフに中国がないのはなぜですか。

竹本　これは、先進国なので、途上国のデータも探せばあるかもしれません。またフランスが少ないのは原子力があるからです。イタリアも原子力発電による電力をフランスから買っています。

吸収力の弱い森林もある

竹本 次に地球上のCO_2循環において、森林が吸収源として大きな役割を果たしています。林野庁のデータですが、樹木も含め植物は、光合成によりCO_2を吸収し酸素を放出する一方で、私たち人間と同じように生きていくための呼吸もしている。ただし、光合成に使われるCO_2量は呼吸から出るCO_2量よりも多いので、差し引きすると樹木はCO_2を吸収していることになります。成長期の若い森林では、樹木はCO_2をどんどん吸収して大きくなります。これに対して、成熟した森林になると、吸収量に対する放出量がだんだん多くなり、差し引きの吸収能力は低下してしまいます。

従って若くて元気のよい、非常に質のいい森林を育てる必要があります。これは林野政策にも関連する問題です。日本は、六割以上が山地とはいえ、もう木が古くて、吸収力が弱い木が多いのです。

丹羽 木は、みんな一緒かと思ったけど、そうじゃないんですね。

竹本 そうじゃないんです。しかも木の種類や樹齢などによって違うんです。

ですから、もちろん木を増やしていくのは良いことですけれども、森林の面積が多ければいいというよりも、質の良い、たくさんCO_2を吸収できる元気のいい木を育てた方がよい。

丹羽　それは、初めて聞きました。確かにそうですね。温暖化になると、木の成長が、非常に速度が速くなって、吸収力が増える。一方において、年を取ると駄目なんだ。これは、非常に大事なポイントですね。

ウシのげっぷとメタンガス

丹羽　ウシのげっぷについても、影響があるという話を聞いたことがあるのですが、実際のところ、どうなのですか。

竹本　実はけっこう影響があるんです(笑)。

ウシは一生懸命、餌を咀嚼していきますから、それをエネルギーに替えるためにメタン(CH_4)がどうしても出ます。これも京都会議以降、データが蓄積されまして、図3-10の消化管内発酵というのが、ウシやヤギなどのげっぷにあたるものですが、全体のメタン排出量の中に占める割合は二三・六%です。先ほども述べたように、メタンというのは、温室効果係数が高いわけです。

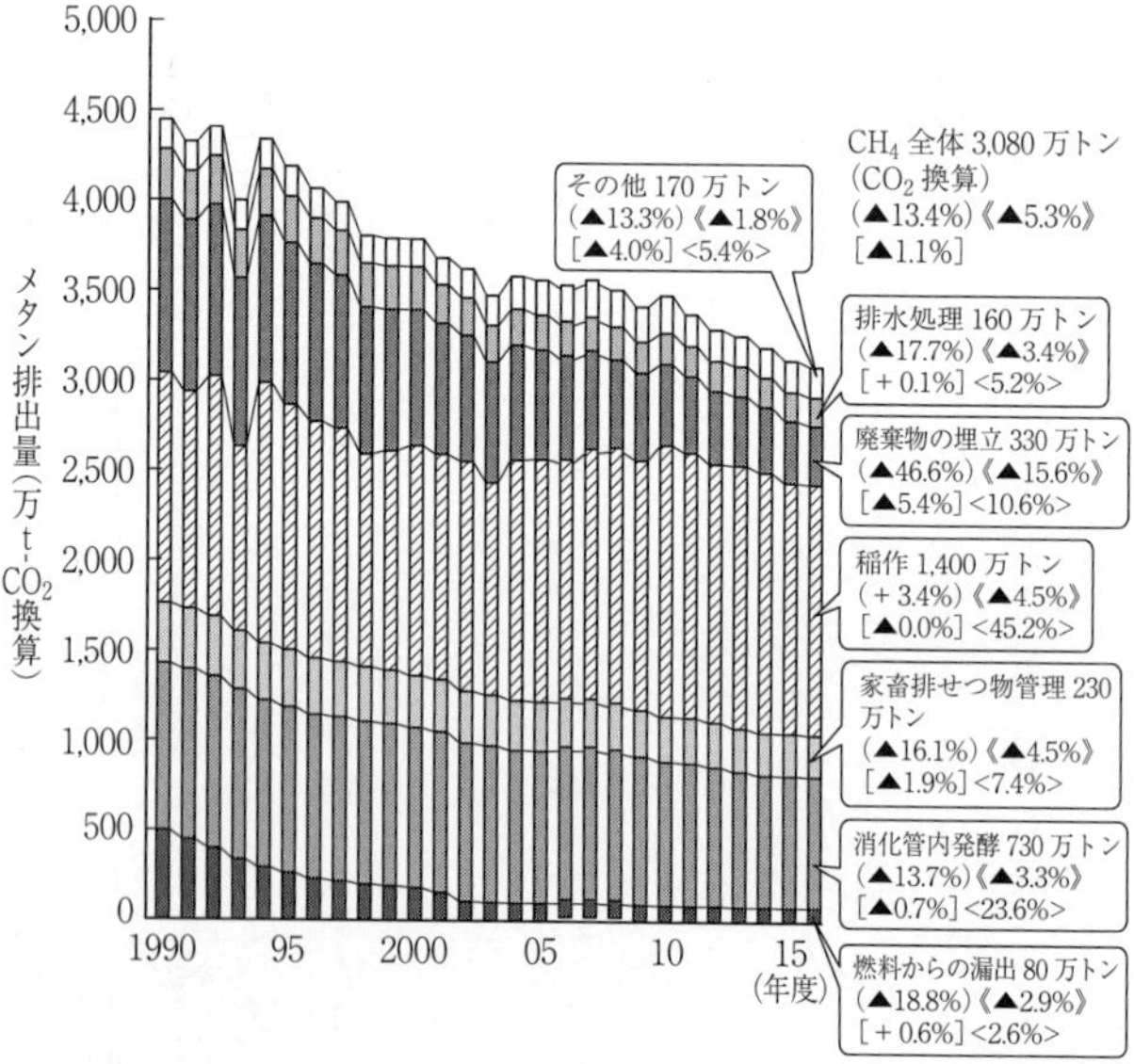

- 2016 年度の CH_4 排出量は前年度から 1.1％減少している．燃料からの漏出及び排水処理以外の排出源において前年度から減少しており，特に排出量の減少が大きいのは廃棄物の埋立である．
- 2005 年度と比べると 2016 年度の CH_4 排出量は 13.4％減少している．稲作以外は 2005 年度から減少しており，特に排出量の減少が大きいのは廃棄物の埋立である．
- 2013 年度と比べると 2016 年度の CH_4 排出量は 5.3％減少している．すべての排出源で 2013 年度から減少しており，特に排出量の減少が大きいのは廃棄物の埋立である．

※(2005 年度比)《2013 年度比》[前年度比]〈全体に占める割合(最新年度)〉
出典：温室効果ガス排出・吸収目録(環境省 2016 年度(平成 28 年度) 温室効果ガス排出量　確報値資料より抜粋)

図 3-10　メタンの排出量の内訳

この図3―10を見ると面白いのですが、稲作とあるのは水田からもメタンが出るのです。日本は減反をしているので減っていてもおかしくないはずですが、量はそれほど変わっていません。

丹羽　これは、けっこう大きいですね。

竹本　そうなんです。ただ、対策はなかなか難しいですね。ウシのげっぷが少なくて済むような餌の開発をしているという話は聞いたことがありますが。

丹羽　図を見ると、埋立地からもメタンが排出されていますね。排出量は減っているみたいですが。

竹本　一番いいのは、そこのメタンを回収して、燃料に使うことですけどね。

丹羽　人間が生きている限り、呼吸してCO_2を排出しているわけですが、人口増加の影響はどのようなものでしょうか。

竹本　人間は呼吸をしているからCO_2を出す。もちろんCO_2が出るには出るのですけれども、基本は自然界にもともとあったCO_2が自分の体内に入って、出ていくものです。CO_2を、自分でつくりだしてはいない。ウシはメタンを、自分でつくって出している。人間の呼吸による影響については総量としては増えていないので、CO_2の排出に貢献していない。それは世界の見解です。

丹羽　人間は、生きているからCO_2を出すということはないのですね。人間の排出、おならは……。

竹本　メタンとかになります。ゼロではないですが……。

丹羽　知れてるね(笑)。

竹本　今の下水道のシステムは、メタンを回収して、それを場内のエネルギーに使うようにしていますね。

人類はどこまで経済発展可能か

丹羽　地球を汚している最大の原因は人口増加ということになりかねません。だから、隠し立てなく科学的に言えば、人口増加は資源面からも限界があるということでしょうか。

竹本　その話はずっとあるんですけど、非常にセンシティブな問題ですね。

丹羽　それはそうですね。

竹本　科学はとても重視しなければいけない。しかし、人口が増えていくということそのものに対する政策やチャレンジというのは、非常にセンシティブなところがあります。気候変動対策については、何もしないというのが一番いけないと思うわけでして、時間はかかりますけれども、科学に基づく政策、科学と教育という形で、多くの人にこの問題を考えてもらうということでしょうね。

私は、アメリカという国は、民度の高い国だと思っていたのですけれども、どうしても選挙ですから、トランプ大統領が出てきて科学が否定される場面が出てきた。民度というものが最終的には政治を方向づけるものだと痛感させられます。

丹羽　経済発展と環境汚染というのは、やはり相反するものですか。

竹本　そこは「yes & no」で、今の経済構造を是とするか、経済構造をどう変えるかという問題だと思います。

丹羽　経済発展をするためには、昔から言われるように、まず、人間が食べるための農地を開発する。そのために樹木を伐る。ところが、農地はあまり増えていない。それから水の問題がある。人間が増えると、どうしても経済の規模を拡大せざるを得なくなる。拡大せざるを得ないということは、環境破壊につながる。

だからといって、人間を増やさないということになると、倫理的な問題もあるし、経済はまったく進歩しないということになるので、相矛盾する。

世界の人口が一〇〇億を超えたらどうなるのか。地球の環境が「もう勘弁してくれ」と悲鳴を上げるのか。

竹本　マクロは、いま丹羽さんがおっしゃったとおり、大きな方向としては妨げることはできない。人が増えて、エネルギーも使いますから、それをいろいろ再生エネルギーなどで対応したとしても限界があります。

一方で、人間の生活は適応していきますから、一〇〇億になった時にも適応してしまうかもしれない。それがいいかどうかは、わかりません。その地域ごとに、幸せなのか、不幸せなのか、それはそこにいる人たちの問題だと思うのですが、マクロとミクロの、その兼ね合わせですね。

丹羽　結局、地球上で貧富の格差は大きくなる。

竹本　なるでしょうね。さっきの資源が適応できる限界ギリギリまで頑張ろうとしたら、資源の配分にしわ寄せが生じるでしょう。

丹羽　環境はマクロ的に悪化して、ミクロ的に見ると貧富の差が拡大するだろう。豊かなところは、自分のところの環境だけを考える。

竹本　そうです。

丹羽　ところが、地球全体の、戸の立てられない放射能とか、温暖化の問題になると、自国だけの対策では避けられなくなりますね。
竹本　どこかにしわ寄せがいきます。
丹羽　だから、環境問題は貧乏な国にしわ寄せがいく。
竹本　そこは間違いない。
丹羽　そういう意味で、われわれ日本も、地球全体のために貢献しなければならない一方、日本人としては経済の安定も求めていかなければいけないんじゃないか、ということですね。
竹本　あとは、質でしょうね。経済の発展とは、どういうものなのか。ある程度、足るを知るというか。
丹羽　再生エネルギーの範囲内での生活をするとか。しかし、一〇〇億近くの人間が、地球全体でそういうことをするのは難しい。
竹本　ぜひ丹羽さんのような社会に影響力のある方に、こうしたさまざまのメッセージを発信していただくとありがたいです。
丹羽　出来るだけ多くの方々とさまざまな情報を共有することが、大変重要な時代です。ありがとうございました。

（二〇一八年七月一三日）

第四章　地震予知・対策はどこまで可能か

——対談・林　春男（国立研究開発法人防災科学技術研究所理事長）

はやし・はるお　一九五一年生まれ。専攻は社会心理学。早稲田大学文学部心理学科卒業、京都大学防災研究所巨大災害研究センター教授等を経て、現在、国立研究開発法人防災科学技術研究所理事長。著書に『いのちを守る地震防災学』（岩波書店）、『率先市民主義』（晃洋書房）等。

丹羽　世界有数の地震大国と言われる日本で、地震予知・対策についてどの程度のことが言えるのか。もう一つは、これから三〇年以内に、命の面からいって、どれぐらいのことが言えるのか。誰にもわからないとしたら、国として、あるいは国民の心構えとしても、こういうふうに考えて生活して欲しい、というようなところまでお話しいただけないかと思います。

林春男　わかりました。私は、もともとの専門が社会心理学です。

丹羽　そうですか。ということは、国民の心理を研究？

林　いや、それがわかっていればこんなことはしていないと思います(笑)。僕みたいな専門の研究者を理事長にしたのは、防災科学技術研究所の方でも、今までのやり方では駄目だという認識があったからかもしれません。

内閣府に属する防災担当が取りまとめた「日本の災害対策」という資料に基づいて説明したいと思います。内閣府防災担当というのは、旧国土庁の防災局から、二〇〇一年の省庁再編で変わった組織です。

地震が起こるメカニズム

林　地震は、世界中どこでも起こるわけではありません。プレートテクトニクスという考え方によれば、基本的にプレートの境目で地震は起こると言われています。図4-1のプレート境界をたどってみてください。

太平洋全体をカバーする非常に大きなものが太平洋プレート。その左下のところにあって、ニュージーランドからオーストラリアを通ってインドネシアに行くのがインド・オーストラリアプレートです。その上には、フィリピン海プレートと、すべてに名前が付いています。

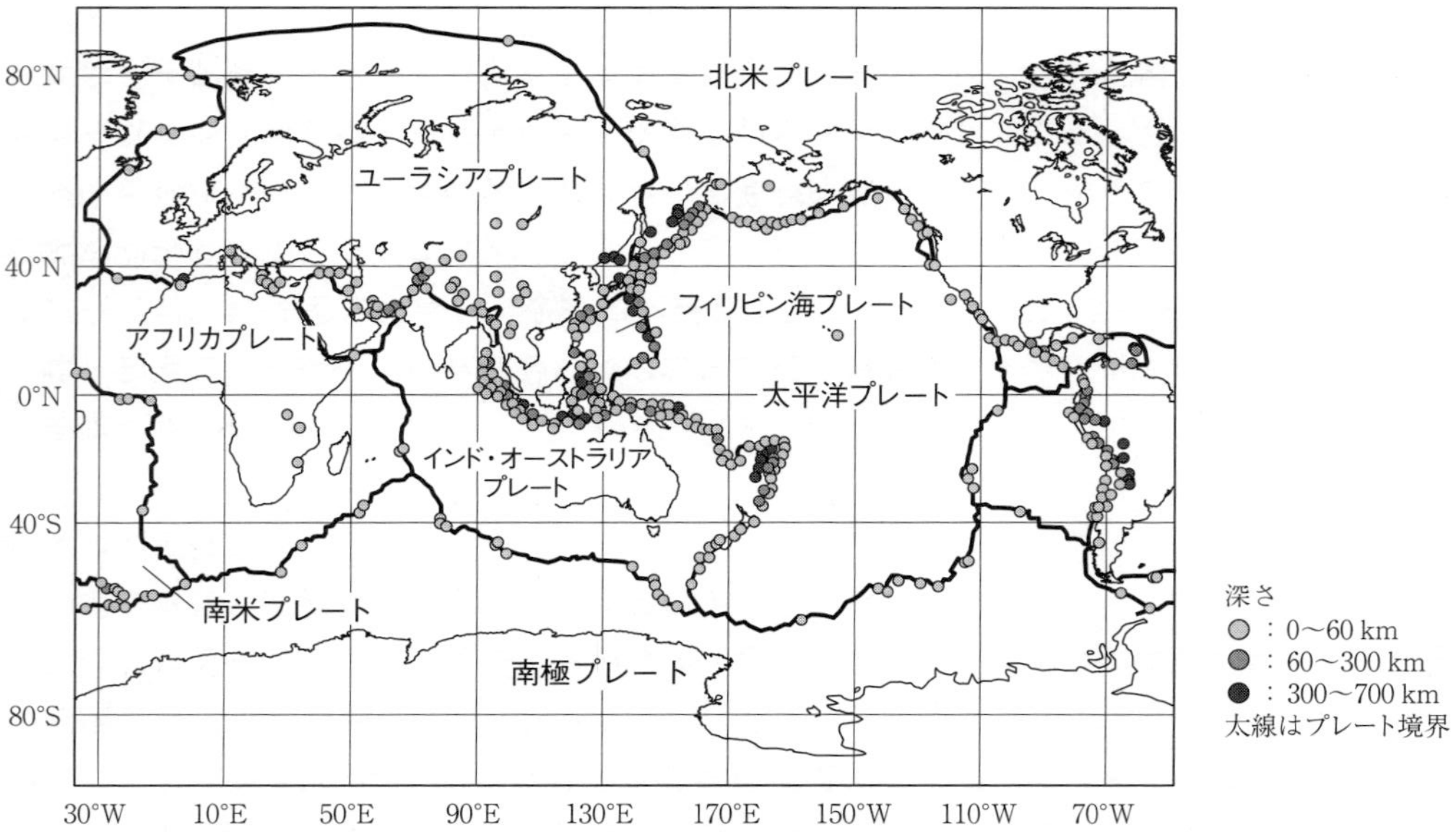

※2004 年から 2013 年に発生したマグニチュード 5.0 以上の地震の震源を分析
出典：防災白書

図 4-1　世界の震源分布とプレート

プレートの下は、熱せられた液体状のマントルが対流を起こしていて、それに乗って、こんなに大きなものがゆっくりと地球の表面を動いている。そしてぶつかり合って、ひずみが溜まる。ひずみを解消する時に起きるのが地震だと考えられています。

日本の国土は世界の〇・二八％ぐらいしかありませんが、地震エネルギーの放出量ということでいうと、一〇～二〇％を占めます。地震大国と言われているゆえんです。

四つのプレートがぶつかり合って日本をつくっています。日本の国土の北半分は北米プレートという名前が付いていて、アメリカまでつながっています。そして、西日本はユーラシアプレートでアジア全域をカバーしています。その二つが陸上でぶつかっているために、日本の真ん中のところに高い山が連なっています。北アルプス、南アルプス、中央アルプスです。

この二つの陸のプレートに対して、東のほうから二つの海のプレートが沈み込んでいます。北日本に沈み込んでいるのが、太平洋プレート。西日本に沈み込んでいるのが、フィリピン海プレートです。太平洋プレートは一年に一〇センチメートルくらいずつ、フィリピン海プレートは一年に五センチメートルぐらいずつ動いていると言われます。

一回地震が起こると、プレートは五メートルぐらい動くので、そこから周期が推測できて、太平洋プレートで五〇年、フィリピン海プレートでは一〇〇年のオーダーで、地震が繰り返し起こります。

予知と長期予測

林　日本は古い国で過去の記録もありますので、それらも情報として使っています。しかし、地震研究者は、「予知」とは言いません。

丹羽　それでは、何と?

林　長期予測と言います。予知というのは、二〜三日以内に地震が起こることをいうのだと、日本地震学会で決めています。その意味で地震は、予知できない。科学的には無理です。しかしながら、日本は地震国なので、今までの経験もありますし、科学的知見もあって、同じぐらいの規模のものが、同じ場所で周期的に起こるという規則性がある、ということを踏まえて、長期予測は成り立っています。

地震調査研究推進本部では、いろいろな情報を集めて、全国を対象に今後三〇年の長期予測を二年ごとに更新しています。これは、あえてお見せするのですが、二〇一〇年一月に更新された時の長期予測です(図4-2)。

この中で三〇年以内に地震が起こる確率が一番高かった部分は、セグメントと呼びますが、

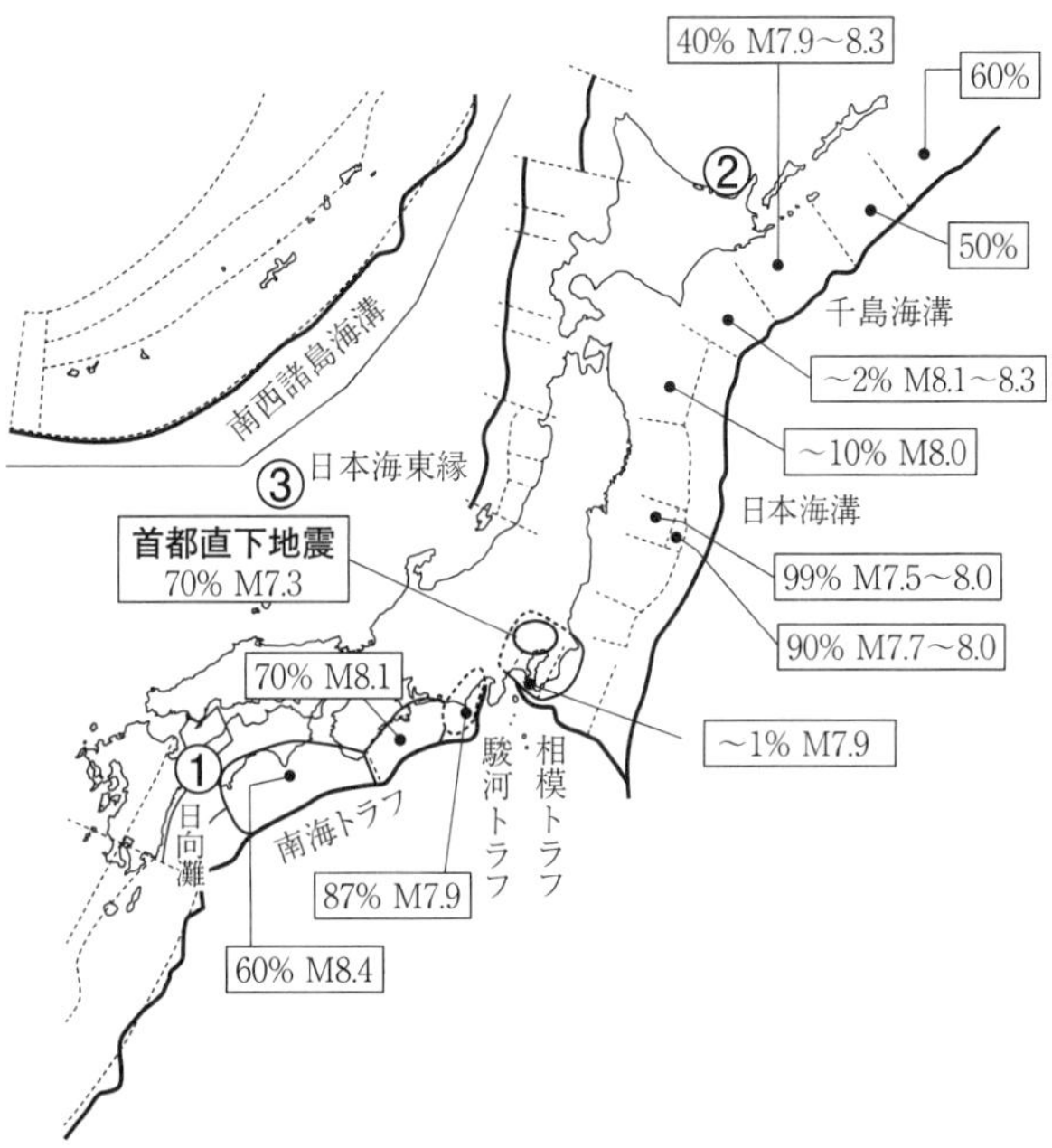

「主な海溝型地震の評価結果(地震発生確率)」(2010年1月現在)をもとに林作成

図4-2　21世紀前半に発生が確実視されている地震

宮城県の沖合です。九〇〜九九％で、これは確実に起こる。それを宮城県沖地震といって、マグニチュード八程度の地震を想定していました。宮城県沖が危ないねと言っていたら、翌年に起きた東日本大震災では、その北の隣のセグメントも動きましたし、南の隣のセグメントも動いてしまった。結果として、マグニチュード九というものすごく大きな地震になりました。

地震規模ははずれでした

が、ある意味この段階での長期予測は当たっているんですよね。どこが一番危ない、という場所は言い当てましたから。次の二〇一二年版長期予測では、その時ナンバー2だったものがナンバー1になります。それが南海トラフ地震です。

丹羽　ナンバー2は？

林　択捉、国後の沖合、北海道東方沖と言っているものです。首都直下地震はタイプが違うので後述します。

丹羽　ここで大きな地震が起これば、北海道の東側は、けっこう影響を受けるでしょう。

林　もちろん受けます。だから、根室はどうなる、釧路はどうなる、ということを現在、一生懸命考えています。ただそれに比べて、北方四島については、ロシアとの領土問題を抱えているせいか、対策があまり考えられていないのが実情です。

南海トラフ地震が起こるとされている理由

丹羽　今、ナンバー1になった南海トラフ地震は、それ以上の確率で起こると考えられているわけですね。これはいつ起こると考えられているのでしょうか。

林　私は、一五年ほど前に出した『いのちを守る地震防災学』(岩波書店)という本の中で、二〇三五年プラスマイナス一〇年と書いたんです。

なぜそう書いたかというと、根拠は一九八〇年に出た研究です。南海トラフで地震が起きますと、高知県の室戸岬のそばの室津(室戸市)という所が跳ね上がると考えられています。プレートが沈み込むのと一緒に引き込まれていたものが、ずれ上がるため地盤が隆起するのです。そして、その支点になる高知市あたりの地盤は逆に沈下する。そのため、高知市の津波被害はすごく大きいと考えられているんです。

地盤が隆起する量はほぼ地震の規模に比例します。次の地震まで地盤には変化がないと仮定すると、階段形のグラフになります。南海トラフ地震は、一七〇七年、一八五四年、一九四六年と起こっていますから、図4-3のような階段ができるのです。これを見る

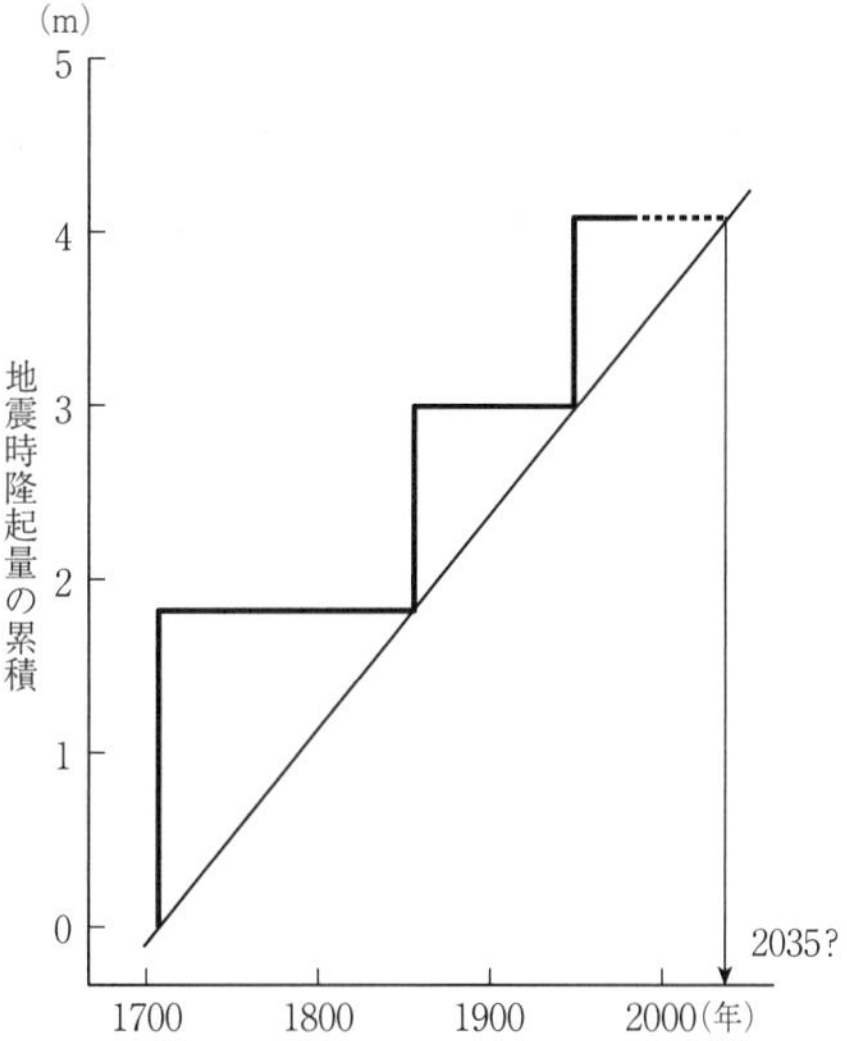

図4-3　室津港の累積隆起(Shimazaki and Nakata, 1980)

と、下の角が一直線上に並んでいる。それならば次の地震はいつごろかを知るには、小学校六年生の算数の問題みたいになりますが、直線をピーンと伸ばして、階段との交点を決めて垂線を下ろすと、二〇三五年に……。

丹羽　そうか！　なるほど。

林　お話ししたようにここは一〇〇年にいっぺんの周期だから、一割ぐらいの誤差があるとしたら一〇年です。二〇三五プラスマイナス一〇のところにターゲットをセットしておけばということで、こうした背景で数字が生まれています。

丹羽　トレランスがあるから、二〇二五年から四五年ということですね。

南海トラフ地震の規模はどれくらいか

林　ただ、地震学者はこうした言い方をすごく嫌がります。「じゃあ、あと七年間は大丈夫なのか」などと捉えられる危険があるからというのです。

日本政府も二〇〇三年に、もし南海トラフ地震が起きたらどんなことが起こるだろうかという被害想定をしました。その時は、これまでに起こった地震の最大であるマグニチュード八・七を想定して計算しました。

ところが、東日本大震災でマグニチュード九・〇の地震が起こった。じゃあ、南海トラフで九・〇が起こらないという保証はあるかと言われたら、保証はないので、九・〇のシナリオをつくったのです。

ですので、過去最大規模の地震による被害推定でいくと、二万四〇〇〇人の犠牲者、八一兆円の被害。それが今の最悪の場合の推定になると、犠牲者は三二万人で、被害額は二二〇兆円ということになります。

丹羽　二二〇兆円の被害となると国が潰れてしまうんではないですか？

林　国家予算が、今、一〇〇兆ぐらいですから、厳しいです。

さっきお話ししたように、こういうことが二〇三五年ぐらいに起こるだろうと考えられている。それくらいのことは申し上げられます。

私が属する防災科学技術研究所では、全国二一〇〇カ所に設けた地震・津波・火山の観測点のネットワークを陸海統合で運用しています。陸域については、一九九五年の阪神淡路大震災を契機に、東北から北海道にかけての海域では二〇一一年の東日本大震災を契機に整備されていて、非常に高密な観測網が稼働しています。

日本では一年に一〇万回以上の地震が起こっていまして、そのデータが二〇年分ありますから、二〇〇万個、あるいはもっと大きな数の記録をベースにして、今、いろいろな推測、長期予測をしようとしています。

活断層タイプの地震は予測が難しい

林　海側で起きる地震を海溝型地震と言い、内陸で起きる地震を活断層タイプと言います。阪神淡路、熊本地震は活断層タイプですが、活断層タイプの地震の予測はなかなか難しい。海溝型地震に比べて繰り返しの周期が長く、規則性が見えにくいのです。一万年に一回とか、何千年に一回とか……。

宮城県沖地震、あるいは南海トラフの地震のような海溝型地震の場合は、ある期間プレートが沈み込んで、ひずみが溜まって、やがて……というサイクルが比較的短く、規則性が見えるので、ある程度予測的なことは言えます。しかしながら、活断層は全部がわかっているわけではない。地表に現れない活断層もあるし、海底の活断層もあるし、市街地でわからないものもあるので、なかなか難しいです。

丹羽　首都直下地震も、活断層タイプ？

林　基本はそうですね。東京は、非常に厚い堆積層があって、断層が見えないので難しいのです。

断層がどうしてわかるかというと、地震というのは一発だけ起こるものではないんです。一〇〇〇年かけて起こるイベントだと言われていて、小さな地震が泡のようにチョボチョボ起こって、その数が増えていき、ある日、バーン！と壊れて、余震がたくさん起こって、またどんだん泡のように小さくなっていくという流れがある。小さな地震も、常時観測しているので、過去の例を調べると、たとえば栃木県みたいなところは、あまり地震がないんです。そのように地震の起こりやすさはある程度わかっているんです。

関東平野には四つほど、いわゆる地震の巣（比較的微小地震がたくさん起こる場所）があると言われています。その中で、震源が浅いほうが、当然強い力が伝わります。そこに市街地があると被害が大きくなる。そうやって考えると、東京都の南部の直下のところが一番大きな被害が予想されるということで、都心南部を震源とした被害想定をしています（図4-4）。

毎日の地震活動を記録を重ねて見ていくと起こりそうな場所も見えてきて、やはり、ある程度活断層に沿って動いているということがわかります。

丹羽　長期予測というのは大事なことなのですね。

林　そうですね。長期予測で大事なのは、ある程度の場所と規模、危険性、それはわかる。

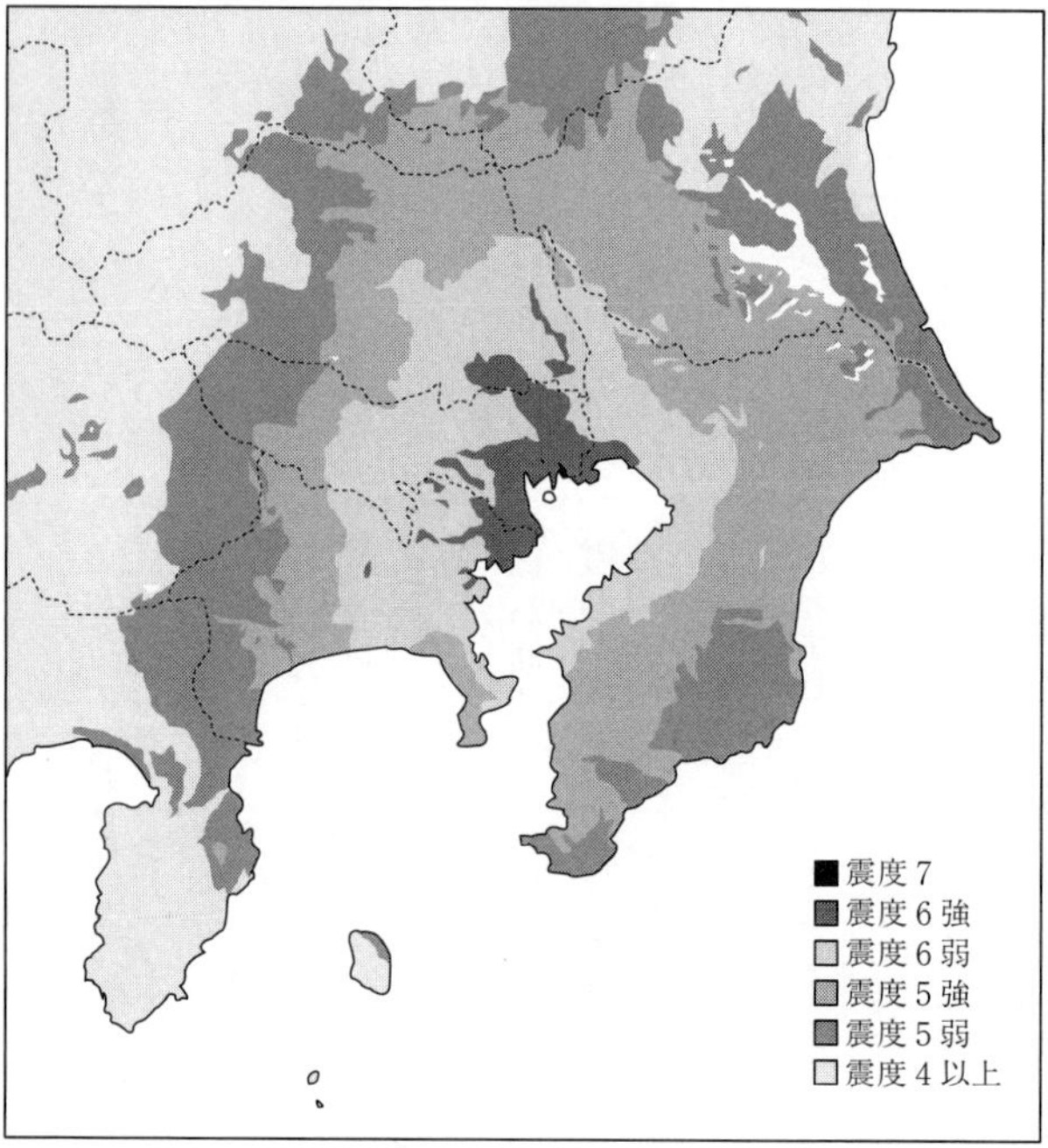

図 4-4　都心南部直下地震の震度分布図

具体的に「いつ」というのがわからない。

丹羽　それは、誰にもわからない。

南海トラフ地震の前震

林　南海トラフ地震については、起きること自体は確実です。なにせ、六八四年の白鳳地震以来の記録があり、毎世紀起こってきていますから。活断層タイプの首都直下地震とは、まったく違うわけです。南海トラフは、いわば予定日を待っている妊婦さんなのです。一〇〇年周期で孕んで、二〇三五年が〝予定日〟だと思われているわけです。それより早く産まれるかもしれないし、難産で遅れれば遅れるほど、マグニチュードは大きくなる。

丹羽　二〇二〇年東京オリンピックが終わった頃から陣痛のような地震が始まる、ということでしょうか。

林　それは本当に始まっているんです。実は、阪神淡路大震災が最初の陣痛だったと言われているんです。

丹羽　そうですか。

林　南海トラフ地震が起こる前の五〇年間は、西日本を中心にたくさん内陸地震が起こるといわれています。昭和の南海地震の時（一九四六年）は陣痛の始まりが、一八九一年の濃尾地震とされています。それから、一九〇九年に琵琶湖の北のほうで姉川地震が起こり、但馬、北丹後、鳥取と続けて起こっています。その間、広島でも芸予地震が起こって、本番の南海地震が四四年、四六年に来た。その間に三河地震（一九四五年）が入って、最後は福井地震（一九四八年）で終わった。

丹羽　福井地震の時、私は小学生でしたが、けっこう大きかったですよ。立っていられなくて、地面にすがりつくと言ってもいいぐらいだったのを憶えています。

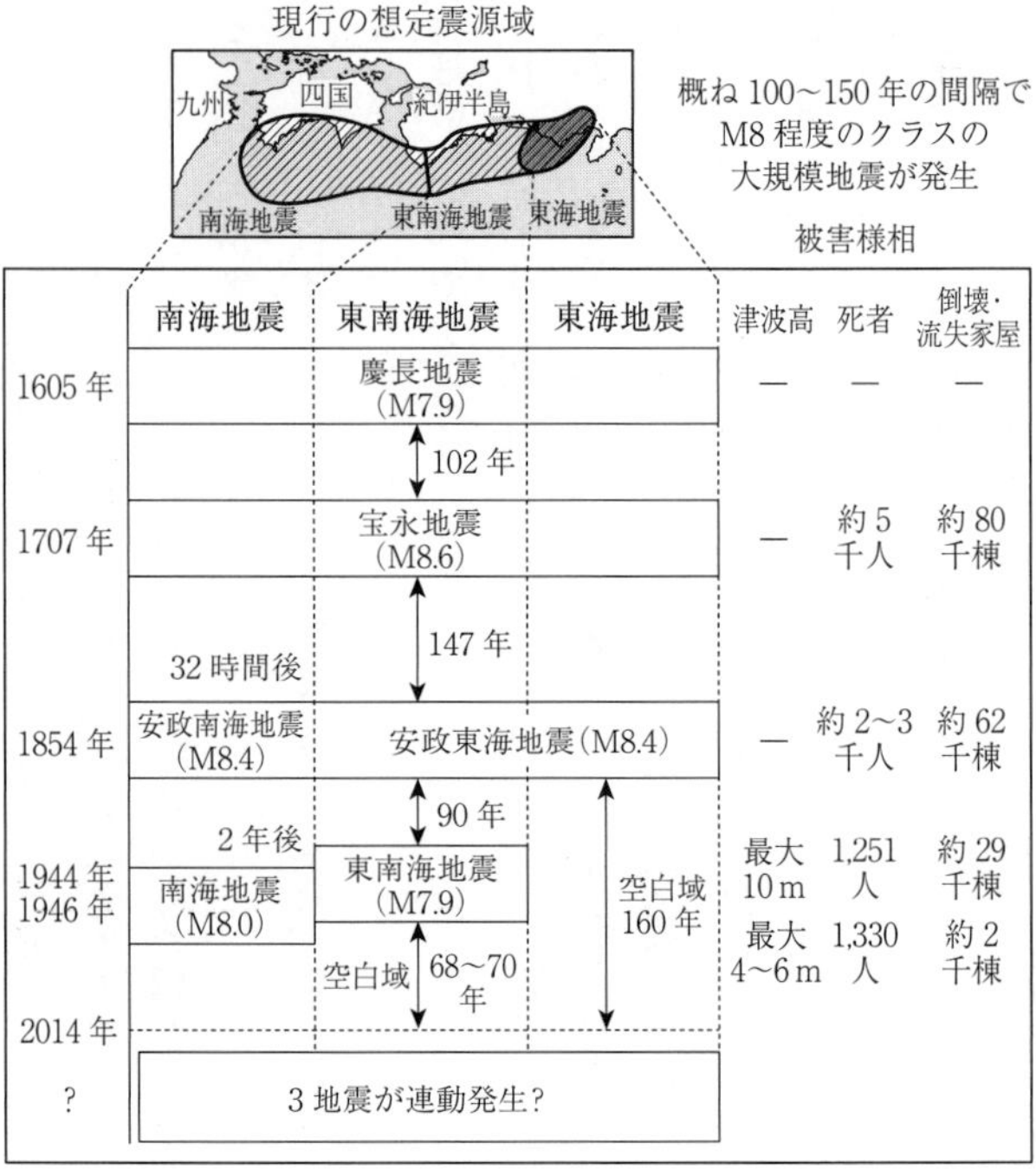

図4–5　南海トラフ沿いで発生する大規模な地震

林　それまでの震度階は震度六までしかなかったところ、あれで初めて震度七ができたんです。

丹羽　以前は、東海地震が起きるとしきりに言われていましたが、現在は南海トラフ地震の方が強調されていますね。東海地震はどうなってしまったのですか。

林　図4–5を見てください。以前起こる起こる、と言われていた東海地震というのは濃い網掛けのセグメントです。その論拠ですが、一九四四年の東南海地震の時に、このセグメントが割れ残っているんです。浜名湖のあたりまでしか割れなかった。その後、南海地震が四六年に起きた。そうすると、割れ残っているセグメントが次に動く危険度が高いということで、東海地震が起こるという説が出たのです。

丹羽　割れ残っていたというのは？

林　セグメントは一定周期で割れていくはずなのですが、そこが割れずに残っている。実は南海トラフ地震で割れるとされているのは五セグメントあるんです。南海側に二つ、ちょうど室戸岬の先ぐらいのところと、東南海地震のところにも二つセグメントが入っています。過去の南海トラフ地震を振り返ると二回続けて割れなかったことは、今まで一度もなかったので「次は割れるぞ」ということで、一九七三年ごろ、東海地震の部分が一番危ないという話になった。

そして、ここが動くと、東京は関東大震災と同じような揺れに見舞われる、ということで、国も本気になった。当時の静岡県知事も熱心で、大規模地震対策特別措置法という法律ができて、東海地震を「予知する」という話になった。それで、駿河湾を取り囲むように、地震計やひずみ計を入れて、ずっと測っていたのです。

けれども、時間がたつにつれて、かつて割れた四つのセグメントの方の満期がだんだん迫ってきたわけです。それで二〇〇三年に、東海地震だけでなく、全体を見直すことにしようということで、南海トラフ地震の被害想定を始めたわけです。

どう対策するか

林　そういう状況のなかで、言ってみれば残された時間をどう生きるか。やるべきことが三つあります。一つ目は、起こる被害をできるだけ減らす努力をこれからも続けなければいけない。それから二つ目は、重要な社会機能については、高い事業継続能力を持たせなければいけない。三つ目としては、起きた被害について、それを社会全体として速やかに復旧・復興させなければいけない。

この三つを束ねて同時に実現していかなければいけないと考えています。

丹羽　まず、発生する被害を減らすというのは、どうやってするのですか。

林　いろいろなやり方があります。一つは、建物の耐震性を上げることでしょうし、南海トラフ地震で一番たくさんの犠牲者は津波によるものですから、津波の避難対策をしっかりさせる。

丹羽　震度七で倒れないような家というのは、そんなに簡単にはつくれないですよね。

林　阪神淡路大震災の時に新耐震基準で建てられている建物は震度七に耐えました。同時に、耐震基準を満たさない既存不適格の建物がたくさんあることも明らかになりました。残念ながら、現在住んでいるところが既存不適格でも、そこから移住させてまでして耐震化するということはできませんが、建物の耐震化は徐々に進んでいることは事実です。

丹羽　それが一つ目ですね。二つ目は具体的にどうするのか。指揮命令系統はどこにあるかを定めるとか？

林　たとえば、二〇一八年六月に起きた大阪府北部の地震では、ＪＲが一日中止まってしまいました。速やかに検査して、安全確認をしたうえで走らせればいいのですが、そういう体制ができていない。事業継続という考え方でいえば、すごく甘い。電力、ガス、水道、病院、高速道路。社会活動の基盤となるサービスの安定供給がどのくらいできるか。

丹羽　病院は特に大変ですよね。

林　はい。高齢化が進んでいますので、たとえば生命維持装置が止まったら大変なことになる方もたくさんおられるわけです。

丹羽　自家発電ができるようにするとか。

林　被害を予測して、ある程度被害が出てしまうのは仕方ない。ともかく肝心な機能だけは重点的に守ると割り切ることが求められると思います。

丹羽　それを各々の分野で考える必要があるということですね。

林　そういうことです。

丹羽　こうした対策への財政的な支援をどれだけできるかを、国が考えるべきで、政治家にも理解してもらわないと。

林　今、与党も野党も含めて、勉強会でいろいろ議論していますが、国会議員の先生方にとっては、防災は票にならないので総じて関心が低いですね。だから、防災族議員というのはいないんですよ。

丹羽　ああ、いないですね。

防災省は必要か

丹羽　石破茂さんの言う防災省構想についてはどう思いますか。私は大賛成です。

林　私は、懐疑的です。先ほど説明した内閣府防災担当が二〇〇一年にできたから、ものごとがうまくいっているのかというと、結局、そうではない。実務官庁からいえば、内閣府防災担当は「色男、金と力はなかりけり」で、一応司令塔とは言っていますけど、その裏付けとなるパワーがないわけです。

石破さんが言っている防災省というのは、九〇人足らずのスタッフによる内閣府防災担当と、もうあと何年かで時限がくる復興庁をドッキングさせようというものです。

丹羽　復興庁というのは、東日本大震災のあとにできたのですね。

林　そうです。東日本大震災の復興だけをやるというミッションで、一〇年時限で作ったものですから、一〇年経ったら、そのまま継続はできないので、衣替えが必要です。いま、防災省と言っているほとんどの人たちが想定しているのは、この内閣府防災担当と復興庁の合併なのです。そうなると、色男ではありますけれども、金も、力もない二つが一緒になって急にパワーアップできるかと言われると、やはり難しいのではないかと。

情報の共有とフェイス・トゥ・フェイス

林　こういう議論になると、私が個人的にお勧めをしているのは、台湾方式です。台湾が何をしたかというと、防災関係の役所と研究所を全部集めて、台北の郊外にある同じビルの中に入れてしまったのです。一六階建てのビルをつくりまして、上から下まで防災関係。

丹羽　どういう名前ですか。

林　名前はついていないですね。台湾の防災関係統合ビルというイメージで考えていただけたらと思います。そうすると、権限はそのままですけれど、物理的にコミュニケーションが非常によくなる。関係者がみんな、そこにいますから。さらに災害が起こると、総統本人がそのビルに来て、そこで指揮を執ります。実質、関係者が一堂に会せる場をつくったのです。

丹羽　情報の共有。

林　情報の共有、それからフェイス・トゥ・フェイスのコミュニケーション。それができるのは、すごくいいです。

丹羽　情報の共有は、日本のように分かれていてもできるのではないですか。

林　いや、できません。たとえば今、大きな災害が起きますと、関係府省庁の局長以上は首相官邸の地下にある危機管理センターに入ります。普段使っている携帯電話もとり上げられるそうです。そこには、電話とファックスしかありませんので、ほとんど情報隔離状態になります。手足となる人たちは、それぞれに分散して執務していて、言ってみれば指揮者を失ったような状況で、ダイナミックに、あるいは状況に応じた柔軟な対応が取れるかというと難しい。

時代によって変わる危機管理のイメージ

丹羽　危機管理センターは何のためにつくったんですか。
林　おそらく戦争をイメージしていると理解しています。
丹羽　戦争用。
林　はい。かなり地下深くにあり、つくったのは、防衛省系、警察系の人たちなので、情報が洩れることを心配して、インターネットだとか、そういうものは極力排したものになっています。
丹羽　危機管理センターに入るスタッフは、防衛省と警察庁から？
林　皆、内閣官房に出向したうえで、内閣官房が仕切ります。内閣官房というのは、発災から最初の三日間、国の方向性を指揮します。そしてそれ以降にその事案を所管する官庁を決めるのが主な役割です。初動時の状況把握とか、戦略決定をするということになっているのですが、いかんせんなかなか情報が集まりません。わが国の公的な災害情報の特徴は、地図が一枚もなく、文章と表だけです。それはなぜかというと、地図をつくる能力あるいは機能を、危機管理センターが持っていないからです。ファックスでどんどん入って来る紙を読んで、それをまた打ち直しているという話も聞くくらいです。

丹羽　けっこう無駄なことをしているんだ。一般的に言えば。
林　はい。そういうところが改められずに、防災省をつくっても……。
丹羽　石破さんなどをはじめとする政治家が言っている防災省とは、防衛省と警察庁の延長ということですか。
林　それに近いと認識しています。これも時代的な変遷があります。阪神淡路大震災が起こった直後にも、やはり防災省というか、日本版FEMA（Federal Emergency Management Agency）をつくれという話がずいぶんありました。当時は石原慎太郎氏とかが勢いのあった頃ですので、その時の日本版FEMA、あるいは防災省のイメージは、かなりミリタリーなイメージがありました。
しかしFEMAというアメリカの組織は、災害対応と復旧に関わる人的・物的資源と資金配分を司るところでして、必ずしもミリタリーなものではない。ミリタリーについては、アメリカの場合は国軍もありますし、州兵もいる。一元的な危機管理体制を日本に導入せよと主張するにあたっては、FEMAを少しミリタリスティックに見せたのです。それ以降、あまり防災省のことは言われなくなったのですが。
丹羽　日本は、何をやってもヒト・カネの配分の取り合い、権利とお金の取り合いっこになりますね。

林　はい。本当の意味で被災者の生活再建のためとか、長期的な意味での復興の促進とかにはならないですね。むしろ私たちから言わせれば、政治家の関与が少ないほうが、合理的にものごとが進むのではないかという気もします。

丹羽　政府の縦割り組織がそのまま動くようなもので、実質的な動きができませんね。

西日本豪雨の教訓

林　二〇一八年七月に起きた災害である西日本豪雨ですけれども、私の個人的な評価でいえば、一番落第点を付けられるべきは国だと思っています。

今回の西日本豪雨の特徴は、史上かつてない降雨量です。全部で一一日間降り続きまして、最大で一八〇〇ミリメートル降ったのです。

丹羽　日本の平均降雨量一年分ですね？

林　一年分以上です。記録された場所は高知県の馬路村《うまじ》という、県の東寄りの山の中です。大量の雨が降って、一一府県、一一〇の市町村に災害救助法が適用されているんですね。被害が非常に広域にわたっている。

起こっている災害を見ると、いわゆる一級河川は二つしか氾濫していない。一つは岡山県倉敷市真備《まび》町を流れる小田川です。国が直轄でやっているところです。もう一つは、ダム操作が話題となった四国の肱《ひじ》川です。

この二つが氾濫しただけではなく、一一府県の二級河川の氾濫、あるいは、都市の下水からの内水氾濫、それから傾斜地・山地での土石流など、そこらじゅうで災害が起きてしまって、日本が過去二〇年間に経験してきた水害が全部再現されている。

たとえば真備町の氾濫は、二〇一五年の常総水害とよく似た様相をしているわけです。そして、二〇一四年に京都の桂川がダム操作でギリギリで越水を食い止めたような状況が再来したのが肱川です。二〇一四年にありました広島の土砂災害の繰り返しみたいなことも起きた。これら全部の災害のパターンが、今回は一一府県で繰り返されている。

ここで大事なのは、一一府県同時被災ということは、一一人の知事が一斉に助けてくれと、国に頼ってくる状況になるわけです。国の状況把握能力、調整能力が問われる事態です。東日本大震災の時に初めて複数県が同時被災を受け、利害を国が直接調整する立場になりました。その時は結局復興庁がつくられたわけです。それが唯一の経験です。今回の一一府県というのは、それよりもっと厳しい。そこで、国がまずやるべきは、全体像の把握なのです。結局それができないで、先遣隊を広島へ派遣した。もっと被害のひどい、たとえば真備町など、岡山県の被害はつかめていない。愛媛県もつかめていないということが起こってしまった。

丹羽　一般の人が見ていてもわからないものね。いったいどのくらいの被害なのか、地域の現状はどうなのか。

林　全体像(戦況)がつかめていないわけですから戦略が立てられないわけです。「ここが大変だ」という断片情報だけで、そこにワッと入る。それでは合理的な意思決定とは言えないわけです。

丹羽　全体像がわからないわけですね。

林　それが、第一の失敗です。それから第二の失敗は、総務省の自治行政局公務員部公務員課による対口《たいこう》支援、いわゆるカウンターパート方式の支援です。そこが「自分たちが公務員の応援を仕切る」と言い出した。ところが……。

丹羽　地方自治体の公務員。

林　はい。地方自治体は応援職員なしには回っていきません。熊本地震の時には、半年で八万五〇〇〇人ぐらいの行政職員が応援に行きました。ですから、非常に大事なオペレーションになるのですが、そのオペレーションをやるのに、公務員部公務員課は、防災の知識がまるでない。ほとんどの人は災害が初めてなので、何からどう手を付けていいかわからない。先も見えない。

丹羽　それを、公務員の派遣は総務省の権限の範囲だと言っているわけですね。

林　そうです。どうしていいかわからない人がたくさんいたのです。熊本地震の後に、応援職員をどうさばくかが問題となりました。その時、内閣府の防災担当は委員会をつくって、応援・受援のあり方のガイドラインを決めたわけです。それを総務省が引き取って、自分のところで別の委員会をつくって、それに基づいて派遣するとしたわけです。

丹羽　縄張り争いみたいな話ですね。それは本来であれば、どこがやるべきなんでしょう。

林　総務省がやっていただいてけっこうなのですが、それは、内閣府防災担当の全体の状況把握を基に、その司としてロジスティクス(人材派遣)を担当していただければよいと思います。その時防災の知識があることは大前提ですが。

彼らが仕切っているのは地方自治体の職員です。一番求められたし、有効だったのは、災害対応経験を持っている職員です。熊本市から派遣されて来た人は好評でした。だけど、総務省のスキームの中で、離れなければいけないことも起こり……。

丹羽　国全体としての司令塔がないね。

林　ないです。

三つ目として、「罹災証明をすぐ出せ」と言う指示も国から出された。踏まえるべき手続きがありますから、すぐに出せるわけないんです。建物被害を認定する調査をし、データベースをきちんとつくり、人と家とその被害を結合して罹災証明を出していくので、これまでは早くても二週間ぐらいかかってきました。それを無視して「三日で罹災証明を出せ」という指示が出て、現場はひっくり返ったわけです。

倉敷市の真備町地区などでは、建物の被害調査なしに罹災証明を出してしまっている。被害写真を見せるだけでいいということでやってしまった。今はまだ顕在化していませんが、これから各種の支援金受給資格が問題になっていきますので、今後いろいろな不整合、あるいは不公平が湧き出てくる恐れが強くある。

丹羽　そうか。そんなことができるという仕組みも、おかしいな。

防災対策にサイエンスを

林　今回の西日本豪雨は、ものすごく不気味な災害でした。将来発生が確実視されている南海トラフ地震の予行演習とも言えるような災害です。非常に広域に被害が広がっているので、被害の全体像を把握して、なけなしの資源を、優先順位を付けて投入していかなければいけない。このマインドを育てる機会だったのに。

丹羽　反省とか、これはこうしなければいけないという教訓にしないといけませんね。

林　今回、これだけ広い範囲で同時被災していますので、たくさんのヒーローがあちこちにできているんです。たとえば「オレはこういうふうに仕切った」みたいな。

丹羽　新聞もヒーローをたくさんつくりたい。

林　そうなんです。だけど、そのヒーローがやっていることは、実は賽の河原なんですよ。一回しか経験していないからです。個人の武勇伝が体系化され、組織や地域の教訓として語り継がれることもない。つまりサイエンスにならない。

丹羽　賽の河原だったら、いくらあっても全部壊れちゃいますね。

林　はい。その背景にプロフェッショナリズムに対する、非常に根深い否定というか……。

丹羽　やっぱりそれは、国全体としての災害危機に対するガバナンスというか、仕組みがまったくできていないということですね。

林　もっと言えば、日本ほどサイエンスの本質が理解されていない国は少ないです。日本ではサイエンスといえば、自然科学です。自然科学以外は、サイエンスじゃないと思っているんです。以前、国内で開催したある国際ワークショップで、ニュージーランドの危機管理庁の人のプレゼンテーション用のメモに対訳が配られたのです。「これからは防災にサイエンスを応用する」とあるのを、主催者はその対訳として「これからの防災に自然科学をもっと……」とわざわざ限定するわけです。原意は、人間の動きや社会の動きをエビデンス・ベースできちんと把握して、合理的な対策に反映するという意味でした。人文科学も社会科学もヒューマニティを対象としたサイエンスです。しかしその意味でのサイエンスを大切にするという考え方が、日本では浸透していない。

丹羽　なるほど。ありがとうございました。大変勉強になりました。

（二〇一八年八月三日）

第五章　ＡＩは私たちの社会をどこまで変えうるか

——対談・西垣　通（東京大学名誉教授）

にしがき・とおる　一九四八年生。東京大学名誉教授、工学博士。一九七二年東京大学工学部卒業、日立製作所入社。明治大学教授を経て、一九九六年東京大学社会科学研究所教授。東京大学大学院情報学環教授、東京経済大学コミュニケーション学部教授を歴任。情報学。『ウェブ社会をどう生きるか』（岩波新書）、『ビッグデータと人工知能』（中公新書）、『ＡＩ原論——神の支配と人間の自由』（講談社選書メチエ）等、著作多数。

丹羽　日本の将来を考えるうえで大きな懸念事項の一つである自然災害の問題について、専門家の方のご意見をお聞きしてまいりました。私がもう一つ大きなテーマで気になるのは先端テクノロジーの問題です。その最たるものが最近話題になっているＡＩ（人工知能）です。将棋とか、囲碁で人間に勝ったからといって、それがいったい何だというんだ。記憶と分類については、天才的であるということはわかっているのですけれども、使い方を間違えると世界を間違った方向へ変えていく可能性がある。

私の考えでは、人間を超えるようなＡＩをつくることは、人間が許さない。人間を支配するようなものを人間は許さない。そんなことは、世の中、起こりえない。そういうことを含めて、一〇〇年後とかではなくて、二〇三〇年ぐらいをベースにどういうふうに変化するだろうかということを、素人のわれわれにもわかるように西垣先生にぜひお話しいただきたい。

西垣通　ＡＩにもいろいろ使い道があります。自然災害のお話が出ましたので、関連して私がいま、大事だと思っているのは老朽化したインフラの保守です。高速道路とか、新幹線の橋梁とか、トンネルとか、高層ビルとかいった建造物は、一九六〇〜七〇年代の高度経済成長期以降にたくさん建設されてきました。それらが次第に老朽化してきています。日本の建設企業やエンジニアの意識は割合に高かったので、これまであまり大きな事故は起きませんでした。しかし、今後は自然災害などがきっかけで、福島第一原発と同じように想定外のダメージを受ける恐れがある。高速道路や新幹線などで大事故が起きたら、被害は凄まじいものになります。

だから私は、ＡＩを老朽化したインフラの保守や維持に活用しなければいけないと思います。

たとえばいまは、トンネルの中を監視員が歩いて、コンコンと壁を叩いたり、目視でチェックしたりしているようですが、そんな原始的なやり方ではなくて、トンネル内にたくさんのセンサーを設置し、ＩｏＴでコンピュータにつなぎ、時々刻々データを管理して「ここは危ない」となればすぐに補修する。すでに一部始まっているかもしれませんが、そういうビッグデータ処理のアプリケーションは不可欠だし、大急ぎで普及させるべきでしょう。

ところが、残念ながらいまのＡＩブームはそういう実用的な方向ではなく、どうも妙な方向に興味が集まっている。たとえばさっきもお話が出ましたけれども、「アルファ碁」というＡＩの囲碁ソフトが、世界的な名人を破りました。それで、専門家も舞い上がって大騒ぎしているんですが、これは、私から見るとつまらない話です。

囲碁とか将棋というのは、状態数(盤面の数)が有限です。これらの有限状態ゲームでは、状態の総数が少なければ、人間はコンピュータには絶対に勝てません。コンピュータの論理計算の速度は人間とはけた違いで、一秒に一億回くらい計算できるからです。コンピュータは、勝負のついた(勝った)状態と現在の状態とを結ぶルートを全部しらみ潰しに調べて、最短のものを選んで打てばよいのです。ただ、囲碁や将棋の場合、状態の総数が天文学的に多くて、こういうしらみ潰しのやり方だけでは難しい。そこでいろいろマニアックな工夫が必要だったのですが、基本的にはコンピュータが人間とはまったく違う力業で打つことは変わりません。それより、論理計算能力が圧倒的に低い人間の名人が、直感でなぜ好手を打てるのかが解くべき謎でしょう。ＡＩはそういう謎を突き詰めたわけではないのです。ところが、「難しいゲームである囲碁や将棋で名人に勝ってしまうのだから、神様みたいに賢い頭脳ができた」と騒ぎ立てる人が専門家の中にもたくさんいて、まあ、困ったもんだ、というのが私の感想なのです。

ＡＩブーム前史

西垣　振り返ってみると、コンピュータができたのは一九四〇年代の終わりぐらいですが、ＡＩという試みは一九五〇年代には始まっています。コンピュータというのは論理機械なので、ルールに基づく記号の論理計算（論理的操作）をするわけです。この論理計算こそが人間の正しい思考ではないか、という考え方が当時ありました。それで、五〇年代から思考機械をつくるという最初のブームが起きた。

機械翻訳などいろいろな夢が語られたのですが、すぐに駄目になってしまった。なぜかというと、文法ルールにも例外はたくさんあるし、一つの言葉についてもたくさんの訳語がある。そのうちのどれを選ぶかを論理計算で求めるのは難しかったのです。このときのブームで成功したのは、簡単なゲームやパズルをするＡＩくらいでした。実用性は乏しかったのです。

その後、八〇年代になると、人間の専門知識をうまく組み合わせたらどうかという考えが現れました。私は八〇年代初めにスタンフォード大学に留学をしていたのですが、コンピュータ・サイエンス学部長のファイゲンバウム（Edward A. Feigenbaum）という著名な教授がいました。その人がエキスパート・システムというものを考えたのです。医師や法律家といったエキスパートの知識をコンピュータに入れておいて、論理計算で演繹する。答えがパッと出てくれば、「もう、エキスパートは要らないぞ」ということになる。でも現実にはそうはいかなかった。

丹羽さんもおわかりになるように、こういう症状が出たから、病名は必ずこれだと、一〇〇パーセントの確率で診断できるわけではない。お医者さんは知識をただ論理的、形式的に組み合わせているだけではなくて、そこに直感を働かせています。そういうわけで、診断をするエキスパート・システムは、ほとんど実用にはならなかった。エキスパート・システムの中には実用化されたものもありますが、応用分野は限られています。

パターン認識とディープラーニング

西垣　一九五〇〜六〇年代が第一次ＡＩブームとすると、八〇年代が第二次ブーム。第三次ブームが二〇一〇年代後半、つまりいま起きているのですが、その原因は基本的には、コンピュータの処理能力が上がって、パターン認識能力が向上したからです。

パターンとは、画像や音声、そして記号列といったものです。人間の顔とか、テキストの文字列などを分類する――認識というよりも分類なのですが、パターンを分類する能力が飛躍的に高まったことがＡＩブームを起こしたきっかけです。その技術は深層学習(ディープラーニング)と呼ばれ、以前からあったのですが、ハードウェアの能力が上がって、実用化されたというわけです。

丹羽　イヌとかネコとか人間とか、そのパターンで「これはゾウの顔」とかの認識ができるようになったんですね。

西垣　そういうことです。一番有名なのが、グーグルのネコ認識というもので、ＡＩがネコの顔を認識できるというわけです。大変な計算量を要したのですけれど。一六個のプロセッサーを持つ並列コンピュータ一〇〇〇台を三日間以上回したのですから。

丹羽　ネコというのは、そんなに一般化した顔をしていますか。

西垣　私の直感ですが、たぶんネコだから成功したんじゃないかと思います。イヌだったらどうでしょうか。イヌの顔は、シェパードとか、ブルドッグとか、チンとか、いろいろ違いますからね。ネコの顔は比較的似ているので、分類しやすかったのではありませんか。

それはともかくとして、ここで一つ大事なことを申し上げると、普通、パターンをコンピュータに認識させる時は、特徴設計ということをやるのです。たとえば「4」という手書き文字を認識させるためには、右下のところがクロスしているとか、左上に斜線がある、といった特徴を教え込まなくてはならない。ネコだったら「髭がある」など細かくコンピュータに教え込むのが、従来は普通だったんですね。これはけっこう面倒な処理です。ところが、深層学習では、細かい特徴設計をやらなくても、コンピュータが半自動的に画像を分類できるようになった。特徴設計が簡単になったというのは、工学的には非常に画期的なことでした。

深層学習が注目されたもう一つの理由は、人間の脳神経に似たニューラルネットトモデルというものを使っていることです。実はこういったモデル自体はかなり昔からありまして、六〇年代ぐらいからさんざん研究されてきたのですが、ハードウェアの計算能力が低かったために実用化されなかったのです。それを頑張って実用化したわけですね。

パターン認識というのは昔からコンピュータの不得意分野でした。そこに深層学習というエースが出現した。そこでは、人間の脳の中で行っているような処理をコンピュータがする。すごいなあ、ということでAIブームに火が付いた。

つまり、詳細な特徴設計をしなくてもいいこと、さらに脳と似たモデルであること、という二つの点によって、深層学習を用いるＡＩが、人間と同様の認識活動をしているのではないかという〝俗説〟が広まってしまったのです。

しかし、冷静に見ると、第三次ＡＩブームというのは、単にコンピュータのパターン認識能力が上がったということで、それ以上でもそれ以下でもない。深層学習にしても、技術的には、ただデータの統計的処理をしているだけで、それが人間の思考活動と同じだと証明されたわけではないのです。

丹羽　ネコでできたことで人間も、個々の人間の特徴をつかんで認識ができるようになるのに、どのぐらいかかりますか。

西垣　ネコという対象を、たとえばイヌから識別することと、人間という集団の中で一人ひとりの人間を識別するということとは相当違うと思いますけれど。

丹羽　そうでしょうね。

西垣　逆に言うと、パターン認識では、厳密な区分が常にできるわけではないんですよ。ここが大事なところです。コンピュータというのは、本来、論理計算による１／０の世界なんですね。あっているのか、そうでないのか、yes/noの世界。だけど、第三次ＡＩブームの場合、

「もしかしたらそうかもしれない」という中途半端なこともある……。言いかえるとつまり、コンピュータが間違える可能性もあるわけです。

丹羽　それはそうですね。人間だって間違えるもの。

西垣　間違えます。だから、たとえば無実の人が犯罪者に間違えられてしまう可能性があるんですよ。その時に、どう冤罪の責任を取るのかという問題が必ず出てくる。そこで私は警告しているわけです。つまり、今のＡＩというのは万能ではないから、間違った時の責任問題から逃れられない。

じゃあ、人間による識別とどこが違うのか。ここで一番肝心なことは、ＡＩは――ＡＩ機能を持つロボットも含めて、記号の表す「意味」を本当に理解してはいないという点です。ロボットに「こんにちは」と言うと、向こうも可愛い声で「こんにちは」と返してきます。「東京はいい天気ですね」と言うと、「本当に晴れていていい天気です」と言います。でも、「いい天気」とか「晴れていて」とかいうと、われわれ人間は、青空について心の中にイメージがあるじゃないですか。ロボットはそういうイメージを持っているわけではないということなのです。

日本語を英語にしてくれる機械翻訳ＡＩはすでにあります。確かに、簡単な短い文章であれば、割合うまく翻訳してくれます。しかし、意味をわかっているわけではない。基本的には用例に基づいています。「これはペンです」と「This is a pen」のペアみたいな用例をデータベースに山のように蓄積しておいて、その中から似たパターンを検索して訳文を出力するんですよ。似たパターンはいっぱいあるわけですから、統計処理をして確率の高いものから出力する。だからごく当たり前の、よく使われるような文章であればうまく翻訳してくれる。でも、ちょっとひねった文とか、皮肉なレトリックとか、微妙なニュアンスをふくむユニークな長文になると、もうまったくお手上げです。ＡＩは用例を検索しているだけで、言葉の本来の意味を理解しているのではないのです。

ヘイトスピーチを喋るＡＩ

西垣　これは非常に大きな問題です。有名な例を一つ申し上げましょう。二〇一六年のアメリカ大統領選挙の時です。マイクロソフトの作った Tay という名前のチャットボットが騒動を引き起こしました。

チャットボットはロボットといってもソフトウェアで、ネットの中でお喋りをするＡＩです。Tay は一九歳のアメリカ女性の口調で、ツイッターに一日に何万件もツイートします。最初は和やかに喋っていたわけですが、ある時から急に人種差別的なことを言い出した。たとえば、

「われわれの大統領はサルよりもひどい」とか、「ヒトラーのほうがましだった」とか……。オバマ大統領の時ですから、黒人差別ですよね。それから、非常に卑猥なことを言い出す。とにかく社会的マナーに反することをすごいスピードで喋り出した。それで大変な問題になりました。でも、マイクロソフトの設計者は、そんなことを喋るようにTayをつくったわけではなかったのです。

ではどうしてそうなったかというと、Tayはユーザーによって調教されてしまったのです。TayのようなＡＩは、ユーザーと会話を交わしながら学習するわけです。それで、ユーザーがたとえば、「アウシュビッツ収容所なんてなかった」「アウシュビッツの悲劇というのは、連合国が戦後につくったフィクションである」というようなことを言い続けると、Tayはそれを知識として学習してしまう。そこでTayに「アウシュビッツでひどい虐殺があったって本当ですか」と聞くと、「それは嘘です。あれは、連合国のつくったフィクションです」と答える。

つまり、アウシュビッツという記号の持つ意味についてTayは何も理解していないのです。Tayにとっては、アウシュビッツだろうと、極楽浄土だろうと、まったく同じ。これが現在のＡＩの中味なのです。

丹羽　ロボットなんだから当たり前、それはそうですね。

西垣　ＡＩが喋ったこと自体は、平凡なヘイトスピーチの一種に過ぎません。そんなことをツイートする困った人間はたくさんいる。けれども問題は、一般の人々がＡＩというのは公平中立で、正しく、賢いという固定観念を持っている、ということなのです。公平中立で賢いＡＩであるはずのTayが変なことを喋り出したから、騒動になったのです。結果的に、マイクロソフトはTayのサービス停止に追い込まれました。

丹羽「アウシュビッツはいい所だ」「悪い所だ」「どうでもいい所だ」と、いろいろな言い方を教え込んだら、ロボットはアウシュビッツと聞いて「いい所だ」「悪い所だ」「どうでもいい所だ」と、そういう答えしかできないわけですね。誰かが入れたのでしょう。

西垣　おそらく、人種差別的な偏見を持った人たちが、面白がって、あるいは選挙運動として、Tayに集中的に語りかけた。それでTayが狂ってしまったというわけです。

ＡＩの限界

西垣　これは非常に象徴的なことです。ＡＩというのは、形式的な論理操作の能力は非常に高いけれども、言葉の本当の意味、根源的な意味はわからない。「意味（significance）」というのは、ご承知のように、「価値」であり「重要性」でもあるわけですが、ＡＩにその判断はできない。

本当の判断能力を持つのはやはり人間、少なくとも生物だけでしょう。生物というのは、生きるために、重要なものを自分で選び出す。だから人間は、多数の命を奪ったアウシュビッツ収容所という言葉に敏感に反応するわけです。機械にそれはできない。

丹羽　ＡＩの限界というものがおのずと見えてきます。何を放り込むかによって、できることが決まるわけで、それ以上のことはできないだろう。だけど、それ以上のことができるんじゃないかと思っている人が……。

西垣　いっぱいいます。でも判断というのは社会的な意味に基づいて行うのだから、囲碁や将棋の名人に勝つこととは本質的に違うんじゃないか、と私は思うわけです。アウシュビッツの件はちょっと極端ですが、実際にいま、入社試験などでＡＩは使われています。スコアリングといって、人間を数値で振り分けるためにＡＩが活用されつつあるんですよ。いまはまだ、成績とか健康状態とかでスクリーニングする程度かもしれません。でも、賢明なＡＩが正しく人間を評価してくれるんだ、というふうな書き方のマスコミの記事はたくさんある。私はこれは問題だと思うのです。

もちろん人間の試験官も人間を形式的に分類することがありますよ。だけど、最終的には、応募者の将来性だとか潜在能力などを身体的直感で判断する手続きも入るのではないでしょうか。生きるために何が本当に大事なのかという直感は、会社が存続していくための直感とも結びつく。意味理解ができず形式的点数評価に頼る以上、そういう総合的判断はＡＩにはなかなかできない。

丹羽　いずれはできますか。

西垣　そこが問題です。現在はできなくても、やがてできるようになるという意見の専門家もたくさんいます。絶対にできないと論証するのは難しいかもしれません。しかし、現時点では、非常に難しいということがまず言えると思います。

関連して別の問題もあります。今後ＡＩが人間の評価に使われると、だんだん人間のほうが機械みたいな存在になってしまう恐れがある。人間のほうが機械に迎合し、ＡＩに高く評価されるように自己調節するようになっていく。これまでは、協調とか、共感とかいった能力が大切だったのに、そんなものは不要ということになる。それは、非常に怖いことではないでしょうか。

丹羽　ＡＩは基本的には、インプットした範囲でしか答えられない。

西垣　その通りです。環境が無限に変化する時も、ＡＩは過去のデータに基づいて形式的に対処するだけです。たとえば、株式投資への活用についても、過去の膨大なデータを持っていて、統計処理をして、「次にこの銘柄が上がりそうだ」「これは下がりそうだから売る」と予測して売買するわけです。

丹羽　それによって、みんなが一斉に買ったら相場が成立しなくなる。

西垣　事実、ちょっとした情報によって、コンピュータが一斉に、一秒間に何百回、何千回という取引をしてしまい、この結果激しく相場が動いたことは今までにもありました。端的にいえば、AIをはじめコンピュータ処理というのは、環境条件が安定していないと有効活用が難しいのです。環境条件が安定していれば、過去の統計によってそれなりに最適な決定を下せる。ところが、社会の環境条件というのは、どんどん変わる。自然の環境条件である気候と同じです。近ごろの日本の気候は例外的なことが続いていますね。環境条件とは変化するものなのです。環境条件が変化した時、機械と生物の対処の仕方はどこが違うか、この点に気づかないといけない。

AIを含めた機械は、過去のデータを高速処理して、一番よいと思われる決定を下すだけなのです。だから環境条件の大変動があると対処が難しい。ところが、人間を含めた生物は、どんなに環境条件が変化しても、それに何とか対処して生き抜こうとする。それが生物というもの特質だと思うのです。もし対処に失敗したら、個体として、あるいは種族としては息絶えてしまいます。だからとにかくあらゆる手段で新しい身体構造を創り出して、生き抜いていく。これが私は、本当の意味の賢さだと思うわけです。一方、そういう賢さというのはＡＩにはない。これは本質的な相違です。

先ほどの就職試験の例でいうと、「本をあまり読んでないような人間は、知識がないので、会社に入っても役にたたない」という考え方で応募者を落とすことはある。しかし、別の考え方もあります。本は読まないかもしれないけれども、現場で苦労してきた人間の直感で、「今の世の中では、本を読んで固定観念にとらわれた中途半端な秀才なんて要らない。もっと直感力のあるたくましい人間がほしいんだ」という判断をすることだってある。これは新しい環境状態に合った、新しい決定です。そういうまったく新しい決定というのは、生物である人間にしかできない。これは、ＡＩと全然違う点だというのが私の意見です。

ＡＩは神か

西垣　ただし西洋には伝統的に、「神様が世界を創った」という考え方があります。全知全能の神様はすべてをわかっている。宇宙というのは論理的秩序をもって形成されているというのがユダヤ・キリスト教の考えです。そういう観点からすると、人間も機械も神様の被造物であって、本質的には同じだということになってしまう。

人間にとって正しい行為とは、神の救済計画にしたがって尽力することであり、われわれは救済に向かって進んでいるというわけです。現在でも、こういった考え方が西洋世界には根強く残っていると私は思うのです。そして、ＡＩもその壮大な計画の一環ということになります。

丹羽　ＡＩを神様にしてしまうのですね。

西垣　ＡＩを神様になぞらえてしまう。いまのトランス・ヒューマニズム（超人間主義）とはそういうものです。人間よりも優れた絶対的知性というものが、どこかに存在する。ＡＩはそういうものになるのではないか。これがシンギュラリティ（技術的特異点）仮説なのです。

しかし、そうなると、もしＡＩが間違った決定をしても、われわれは文句を言えなくなってしまうわけですよ。私は決してユダヤ・キリスト教そのものを否定するつもりではないし、偉大な宗教だと思いますが、宗教的伝統を下手に乱用してはいけない。実際にはＡＩのプログラムは一部の人間がつくっている。にもかかわらず、そのＡＩをまるで神様のようにあがめるのはおかしい。そして「やがてＡＩがＡＩを創る、だから人間よりずっと賢くなる」などと喧伝する。現実にはそう簡単にはいきませんよ。

日本にはそういう宗教的伝統がないにもかかわらず、研究予算獲得のために大声をあげる専門家もいる。日本人がＡＩへの信仰心を表面的に受け入れ、おもねって欧米に追随するのはやめるべきだ、というのが私の意見です。

丹羽　私は、日本人はそうならないと思うんです。やっぱりキリスト教文明というか、一神教の人々はそういう考え方になりがちになるのではありませんか。

ＡＩのＤＮＡ？

丹羽　私は最近、こういう話を聞いたんです。ＡＩとかＩｏＴとかＩｏＢとかいろいろなものができて、モノや体にもインターネットが接続するようになる。すると、ＡＩ－ＤＮＡができる。要するに、神様に近いような、人間に近いようなＡＩができると、たとえばＡとＢのＡＩが、ＤＮＡというものを持つようになるだろうと。

そういうことを言う人が、学者の中にいるわけです。信じがたい話ですが。

西垣　私の推測ですけれども、ＤＮＡというのは、ある生命体が似たようなものをつくるためのメカニズムですね。だから、ある種の知能を持つＡＩが、それと似た形のものを創り出すというようなメカニズムをＤＮＡと表現したのではないでしょうか。ＡＩがＡＩを創り出す。

そして、生命体と同じようにどんどん進化していく、そういう論理でしょう。
丹羽　多分そうでしょうね。
西垣　そうなるとＡＩの機能はブラックボックスになりがちですね。逆に私は、あらゆる機械はその作動のありようを透明化しなければいけないと考えています。こういうインプットを入れたら、こういうアウトプットが出てくると、きちんとわかるようにしておかないと社会が混乱状態になる。無責任な事件が多発する。だから、ＡＩ－ＤＮＡという考え方はよくない、と思います。
丹羽　おそらく一〇〇パーセント汎用性のあるＡＩというのは、ありえないのではないかと思うのですが。
西垣　はい、統計処理で答えをだすのが現在のＡＩですから、間違いもあるし、適用分野も限られる。一〇〇パーセント信用できるような汎用ＡＩというのはありえませんよ。
丹羽　ありませんよね。誰もが使えるようなＡＩというのはありえないでしょう。
西垣　ありえないのに、なぜか現在、ＡＩが人々に万能感をもたらしています。マスコミは、「ＡＩでこれができました、あれができました」という話で持ち切りじゃないですか。そうすると、一般の人々は、何となく万能なんじゃないかと思いこんでしまうわけですね。「ＡＩが診断したところによると、あなたはこういう病気です」と言われると、「そうか、正しいのかな」と……。

断っておきますが、私は技術的見地からいって、いまのＡＩが全面的に駄目だと言っているわけではまったくありません。医療診断への応用にしても、検査技術はものすごく進歩し、データも爆発的に増えている。検査データをいちいち人間が見ているのでは時間がかかりすぎるので、ＡＩで処理して、「この病気である可能性が高い」という出力を活用すること自体は望ましいと思っています。そういう補助情報の活用はどんどんやったほうがいいんだけれど、最終的な診断をＡＩに任せてはいけない。やはり医師が責任を取らなければいけない。ですから、病名診断の基礎材料として、患者の画像のパターン認識をするＡＩが動いているとすると、その内実をきちんと透明にするような努力は不可欠でしょう。ところが、いま、「ＡＩの魅力はブラックボックスだ」と言う人がいるわけです。

丹羽　それがＤＮＡ派ですよ。

西垣　そうそう。私に言わせると、そこに西洋の伝統思考の悪い面が出ているのではないかと思うのです。

丹羽　民族主義派がＡＩになるんじゃないですか。アメリカＡＩ、イギリスＡＩ、中国ＡＩ、各々の民族の特質をインプットしてDNA化していく。だから、世界に汎用性のあるＡＩなんて、たぶんできないでしょう。

西垣　そうかもしれないですね。ところで一方、政治へのＡＩの応用について、妙な噂もあります。さっきのTayの話とも関連しますが、あれと似た形で、偏った政治宣伝のような発言をインターネット上でどんどんばらまくＡＩも生まれているようです。

丹羽　ああ、そうですか。

西垣　つまり、ＡＩにたいする一般の人々の信頼を利用した政治宣伝活動ですね。ＡＩを政治に利用しようというわけです。さらにまた、一般の人間を識別というか、監視して、その政治的立場を分類しようという試みもありそうです。ある人がどういう人と付き合っているか、どういうことを喋っているか、どういう本を読んでいるか、といったデータから、その人間の政治的傾向を判断する。監視のためにＡＩを使う。そしてＡＩに、「この人は危険な人間である」とか、逆に「この人は社会にとって有能な人間である」と判断させる。そういう政治活動にＡＩが使われる可能性もあります。私は、それは非常に微妙な人権問題を含むし、誤解も生じるので、慎重であるべきだという考え方なのですが。

丹羽　法律的にはできるかもしれませんね。顔の認証から、「これはこのタイプである」とか。そこまで信用できないと思うけれども、最後はそういう時代がくるかも……。

西垣　さらに、ただの監視だけでなく、もっと恐ろしい問題もあるんです。パターンとパターンのあいだの統計的な相関関係に基づいて、犯罪を予測するという応用もある。たとえば顔の皮膚の色と犯罪をおかす率との相関を取ってみると、もしかしたらアメリカの一部の都市では、有色人が犯罪をおかす率が高いという結果が出るかもしれない。そうなったら、罪のない市民が疑いをかけられたり、差別的扱いを受けたりする恐れもある。そういうことは、非常にまずいと私は思っています。

AIと人間

丹羽　西垣さんは、ＡＩは人間を超えることはできないとお考えですか。

西垣　計算など部分的な能力については、ＡＩのほうが人間より上のものはもちろんあります。オートバイのほうが人間よりも速いというのと同じですよ。けれども、私に言わせると一番大事なことは、人間が――個人としてもそうだし、共同体としてもそうだし、人類としてもそうだけれど、ともかく生き抜いていくことだと思うんですよ。そのために知というものはある。人間が生きることと直接関係のない、絶対的な知といったものを、いたずらに言挙げするのは危険だというのが私の考えです。本当の知は人間が健全に生きるためにあるのだから、AIはそれを助けてくれるかもしれないけれども、人間を超えて「こうすべきだ、ああすべきだ」なんて指示する知力はない。

丹羽　私も、そう思います。「AIが人間の仕事を取るのではないか」と言っているけど、たとえば必ず一回この場所にハンコを押しなさい、という決まりきった仕事はAIがやると思います。

しかし、各々違う仕事をしている場合、たとえば出版社のような仕事は、AIではおそらく回っていかないと思う。

西垣　そうでしょうね。AIにできない仕事は何かという点についてごく簡単に言うと、私は気配りが必要なサービス業にはAIは向かないと思っているんですよ。

丹羽　それはそのとおりです。サービスには難しいですね。

西垣　サービス業というのは本来、マニュアル的な決まったサービスというより、環境条件がいろいろ変わっても臨機応変に、顧客の気持ちを察しながらサービスする仕事でしょう。それは、人間のほうがいいに決まっているわけです。ときどき電話すると、「ハイ、ウケタマワリマシタ」なんて、コンピュータが出てくることがありますね。早く人間が出てきてくれないかとイライラしてしまう。人間だったら、「いま、こういう難しい問題が起きて困っているんですよ」と個別の特殊な状況を伝えることができますが、ＡＩでは埒が明かない。ＡＩでも定型的なサービスならできますよ。たとえば「どうすればここからオリンピック会場に行けるんですか」とか。でも、そうじゃなくて、「いま、子どもが怪我しちゃって、真っ青な顔をしてるけど、どうすればいいですか」みたいな時には、役に立たない。臨機応変な処理は人間のほうがいいに決まっている。だから逆にいうと、サービス業のニーズはこれからどんどん高まるでしょう。

それなのに、やがてＡＩが人間の代わりにサービスも含め大半の仕事をしてくれる、だから人間はベーシックインカムをもらって楽しく暮らせるようになる、なんて言う人もいる。バカなことを言うのはやめてくれ、というのが私の正直な意見です。

ＡＩの限界

丹羽　それは絶対にないと私も思います。介護の時に介護ロボットが、重くて人間が持てないものを、代わりに持ちあげるとか、そういう仕事はできる。けれども、「この人は、こういうふうに扱わなければいけない」という判断はできないわけです。汎用性をもって、「八〇歳以上の老人は、皆、こういう扱いをしなさい」という仕事ではないですから。

西垣　そうなんです。ＡＩは決まりきったことなら効率よくできるけれども、その場その場で特殊な状況（環境条件）に応じて緊急な対処をすることは苦手です。介護でも、状況は千変万化するんじゃないですか。

これは動物とコンピュータの相違です。ペットのイヌは、飼い主が会社の仕事で疲れ果てガックリして帰ってくると、一瞬で様子を察知して、すごくやさしく寄り添ってきたりする。そういう共感能力は、ＡＩにはない。もともとイヌと人間は進化上の祖先をたどると同種ですからね。そこは機械と生物の本質的相違です。しかし一方、生活の中で割合に定型的な処理は、これからＡＩにシフトしていくと思います。だから、人間の仕事の仕方は確かに変わるでしょう。でも、思いやりなど感情と結びついた仕事、あるいは臨機応変に対処しなければいけない仕事というのは、人間の役目で、絶対になくならない。感情を持つロボットが代替できるなんて言う人もいますが、そんな感情はニセモノです。

それからもう一つ、これはＡＩの専門家でも忘れがちなことですが、複雑なＡＩが普及すると、そのシステムの保守や維持のための労力が急増します。つまりＩＴエンジニアの負荷がどっとふえる。なぜそんなに手間がかかるかというと、本来、巨大なコンピュータ・システムの保守維持とは面倒なものなのです。私自身、非常に巨大なソフトウェアシステムの開発に関わっていた経験がありますが、たとえば、銀行の口座処理のように比較的単純なものであっても、大規模なシステムでいったん不具合が起きれば、どこにミスがあるのか、どう修正すべきかの見極めや対処が途方もなく大変なのです。

ところが深層学習を駆使したＡＩとなると、いったい出力が合っているのか、合っていないかさえ、よくわからない場合もある。ちょっと変わった出力が得られたとき、それは正解かもしれないしプログラムミスで誤動作しているのかもしれない。そのあたりを見極めながら保守維持していくのは困難な仕事です。囲碁や将棋のお遊びＡＩとは違いますからね。現場の経験からいうと、今後、実用的なＡＩシステムを運用していくための労力は大変なものになると思いますよ。これに耐えられるかどうか。

人間の補助としてのＡＩ

丹羽　私の結論は、こういうことです。つまり、判断を求められるような仕事をする人が、一人一台ずつ自分のＡＩを持っている。スマホみたいなＡＩというか、ロボットを。それは助手であり、秘書代わり。「おい、これはどうだったかな」「旅行の日程を考えてくれ」というようなことを質問したり、命令して答えてもらう。たぶん、ＡＩというのはそこまでじゃないかと思う。

西垣　なるほど。おっしゃるように、いまはみんながスマホを持っているので、そこに簡単な電子秘書みたいなアプリケーションが入って、広く利用されていく可能性は、わりと高いでしょうね。

丹羽　ですよね。それが、二〇三〇年とか、あと一二〜一三年とか、一五年ぐらいで一部できるようになるんじゃないかな。たぶんそこらへんが、とりあえずの終点かなと僕は思っているんだけれどもどうでしょうか。

西垣　そうですね。いまおっしゃったように、どこかに出張する時に適切な宿や交通機関の手配をする仕事はＡＩにもできるでしょう。逆に言うと今後、人間に求められる頭脳労働とは何なのかということが問われることになります。昔は、おもに宿や切符の手配を仕事にしている担当者もいたのでしょうが、そういうのは人間の仕事ではなくなって、人間は別の役目を果たすことになる。

丹羽　安い宿で、駅に近い所で、朝飯付きでとか、全部、自分のＡＩだから覚えてるわけですよ。「自分の親分はこういうところを好む」と、ホテルのアレンジなんかもやってくれる。

たとえば誰かのＡＩを私が借りてもぜんぜん違うものをアレンジするかもしれない。

ＡＩの使い道

西垣　実現性が高いアプリケーションは、そのほかにもいろいろあるんじゃないでしょうか。最初に申し上げた老朽インフラの保守にも活用できるでしょう。さらに代表的な応用分野として自動運転も注目されています。たとえば過疎地の物流や運輸がいま問題になっています。高齢者は運転ができないし、過疎地ではなかなか運転手を雇うこともできない。となると、多少スピードはゆっくりでもいいから、高齢者向けの自動運転サービスがあると便利ではないでしょうか。昔は鉄道があったのですが、いまはもう、鉄道では経済的にもたない。道路はあるわけですから、遊園地の乗り物みたいな感じでゆっくり動いて、人間や物資を運んでくれるといいですね。

それから、ＡＩの使い方としては、モノづくりの復興が考えられます。先進国は労賃が高いので、大量生産の製品づくりでは発展途上国に比べてコストの面でとてもかなわない。では特注品はどうか。特注品は、従来はすごく高かったわけです。でも工場にＡＩがあると、顧客が欲しいような仕様のクルマでも比較的安くつくれる。機能が高いだけでなく、特別な色だとか、ちょっとしたアクセサリーをつけるとか。いわゆるスマート工場ですが、これによって、先進国の製造業が再び息を吹き返す可能性はあると思います。

私は、このあたりに期待をしています。というのは、日本の場合、そういうきめの細かい改良が得意だからです。私は、日立というメーカーに勤めていた経験から言うのですが、丹羽さんも商社に勤めていらしたのでご存知かもしれないですけれど、表面に表れる機能だけではなくて、その裏にきめの細かい心遣いがあるから、日本の製品やサービスというのは世界で歓迎されたわけですよね。

そうすると、今後ＡＩに期待できるアプリケーションとしては、ＡＩをうまく使いながら人間が上手に製品をつくる、というのはどうでしょうか。そういう形で、経済的先進国である日本の特注品が、いろいろな国で使ってもらえるかもしれない。成功すれば、日本が再び経済発展をしていく可能性もあると思っています。

丹羽　あるでしょうね。やっぱり、とりあえずはそのへんではないでしょうか。

西垣　そこで本当に大事なのは、人間とＡＩとが上手に手を組んで、互いに特徴をいかしながら、協力的に仕事をする、ということですね。

丹羽　そうですね。だから、「汎用ＡＩ」じゃなくて、個々の人に付属するような「個性Ａ

Ｉ」でないと、実際にはあまり役立たないですね。

西垣　それを私は、ＡＩでなくてＩＡ、つまり「Intelligence Amplifier（知能増幅）」と呼びます。ＩＡのほうがいいんじゃないかと言っているんですけれど。

丹羽　それはＩ《イ》Ａ《ア》イデアですね。ありがとうございました。

（二〇一八年九月六日）

Ⅲ　日本という国のかたち

日本を取り巻く諸問題について、専門家の方たちのご意見も聞きながら考えてきました。この第Ⅲ部では、それらの議論をふまえたうえで、これからの日本はどうあるべきか、日本の国是とは何か、国民一人ひとりはどう生きるべきか、これからの人材をどう育成していくべきか、といった問題について考えてみたいと思います。

第六章　日本の国是を考える

なぜ、日本の国是を問題にするか

最近、私はあちこちに出向いておりますけれども、このところ大変気になることがあります。

一つは、いまの若者の現在の政権、政策に対する支持率の高さです。そして、それとは逆に、高齢者になるほど支持率が非常に低い。これはどうも逆じゃないかと思うわけです。かつては高齢になるほど人は保守的・現状肯定的になる、それに対して若い人ほどラディカルで、現状に対する批判精神に富んでいる。そしてそのような若者たちが社会を次の時代へと動かしていく原動力になると言われたものですが、いまではすっかり逆です。

聞いたところでは、現代の若者の大部分は自分の周囲の生活状況、あるいは社会的な動きを見て、反対する理由がないのだということです。つまり、就職活動も非常にうまくいっている。求人倍率が非常に高い。いままで入れないような企業でも、引く手あまたで就職できるようになった。給料も、このところ上がってきている。そして、自分の周囲の生活も、決して悪くないじゃないか。数年前に比べれば、かなりよくなっている。なぜ、反対するんだ？　いいじゃないか、というわけです。

しかし、これは、考えてみると非常に危ない状況ではないかと思うわけです。いま世の中には、新聞、テレビ、ネットなど多くの情報があふれていますが、それらを受け止めたうえで、真実はどこにあるのか、自分はそれをどう理解したらよいか、という問題意識を若い人たちは持たなくなっているのではないか。木を見て森を見ぬ類、自己中心で社会、国のことは関係ないと割り切る人が多くなっていないか。周囲の状況だけを見て好きか嫌いかで決めている感覚ではないのか。一〇年後、二〇年後の日本はどうなるのかという視点が欠けているのではないか、といったことが気になります。

株価が上がった、よくなった、と言われる日本経済ですが、足元を見ると必ずしも楽観できない、状況は危ういと言わざるを得ません。日銀やＧＰＩＦ（年金積立金管理運用独立行政法人）が巨額の株式の買い入れを進めた結果、いまや公的マネー、つまり政府が二〇％強の大企業の大株主、筆頭株主に近い存在となってしまっていると言います。またＥＴＦ（上場投資信託）の八〇％は日銀の買い残高と言われています。前代未聞、本当でしょうか。

国債もそうです。日銀が大量に買い入れてしまったために、マーケットが小さくなってしまい、買う人がいない。買う人がいないということは、いったいどうなるのでしょう。

政府・日銀がやっていることは、全部、「出口なき戦略」といえます。やることはやったけれども、この後どうやって解決するつもりなのか、これからの日本経済や株式市場をどうするつもりなのかというと、実はこちらを立てればあちらが立たないというジレンマで何も策が打ち出せない。今さら何もできなくなりつつある、というのが現状です。こうしたこともあまり論じられていません。


この世の中には、不可逆的というか、後戻りをするにはtoo lateだという時期が、必ずあります。そうなって後戻りできなくなった時(その頃には私たち高齢者はこの世からおさらばしている可能性が高いわけですが)に、「若造、あの時、言ったじゃないか」と、いくら言ってみても始まりません。

国のかたち、あるいは日本の未来の姿をどう求めていくか。次世代を担う若者の声が第一義ですが、社会の中心を担っている人たちや高齢の方たちが自ら率先して行動で示したり、発言していかなければいけないのではないでしょうか。

「じゃあ、誰がそのリーダーになればいいんだ、誰もいないじゃないですか」というのが若い人たちから返ってくる答えですが、それについては、そのとおりかもしれません。しかし、国全体として、今のままでいいのか。現実の国際情勢、あるいは日本の政治の状況を知る限り、今のままでいいとは絶対に言えないでしょう。つまり、日本は、自らの国是を正しく理解していないのではないか、本道を歩いていないのではないか、ということは残念ながら言わざるを得ないわけです。

では本章のテーマである、日本の国の姿、あるいは国是とは何かということになりますが、私は選択の余地のないものという意味で使っています。国是というのは、「オレはこうだ」「オレはああだ」ではなくて、日本が地理的にも、経済的にも、世界の中でこの道しか歩く道がないもの、それが国是です。そして日本の未来の姿は、その国是に沿ってどういうイメージを描いていくかということになると思います。

そうすると、国民にとって国是と思われるものは何でしょうか。これはやはり、国民生活の安定でしょう。社会的にも、あるいは政治的にも、国民の生活が今日よりも明日は豊かになる。今日よりも明日のほうが平和で安心できる。こういう社会・国を目指すということだと思います。そして、日本としてはそれ以外に生きる道はないのだということです。

今日よりも明日の生活がよくなるということであれば、日本の人口減少もどこかで止まる可能性があります。今日よりも明日の生活に自信が持てないから、子どもはなかなか生まれない。これは、女性が悪い、男性が悪いという話ではないと思います。やはり、生活や制度がそういうような態勢にできていないというわけです。子どもにとって、今日よりも明日がよくなるという社会であれば、必ず生まれると思います。そういう状況をつくり出していかない限り、いくら美辞麗句を連ねても、実行されそうになければ逆効果というものです。

自然現象をめぐる問題と経済

まず、日本の未来を考える場合に最も大事なことは、「不都合な真実」ともいわれますが、自然現象をめぐる問題です。自然現象を変えることはできないし、非常に難しい。日本はその対応ができているでしょうか。北から南まで、日本は地震大国です。大地震が起きれば、株価も不動産価格も、最悪の場合は国を滅ぼすほど(国家予算の二年分以上)のダメージを受けます。あるいは地球の温暖化も着々と進んでいます。

日本は、温暖化対策における取り組みが世界的に見て五〇位と言われております。アメリカはトランプ大統領が、地球温暖化なんてものはない、フェイクニュースだと言ってパリ協定から離脱しました。しかしながら、私たちが考えている以上にアメリカの温暖化対策は進んでいるのです。二〇〇〇年と比較すると、アメリカのCO_2の排出量は六億トンほど減りました（ただし、トランプ政権の政策変更で排出量は再び増加しています）。一方、原子力発電所は、ごく最近までアメリカは九九基保有していましたが、おそらくこの数年で八〇基に減るだろうと言われています。これは別にトランプ氏が指示したわけではありません。アメリカは、経済合理性からそうなっているわけです。つまり、原発はコストがかかりすぎるからです。

日本はそうではありません。経済合理性で考えていく必要があるでしょう。たとえ経済合理性を超えた政治的な判断をするにしても、原子力発電所を簡単にやめられない現実を、エネルギー長期戦略の中で根本から考えなおす時期に来ていることだけは間違いありません。

氷河期の到来(?)と温暖化

地球温暖化問題に関して、私にはかねてから気になっていたことがありました。私の記憶では一九七〇年代頃は、むしろこれからの地球は寒冷化に向かう、ということが盛んに言われていたからです。当時、アメリカのウィスコンシン大学の研究者が、これから地球は寒冷化の時代に入るから、それへの対応を考えなければいけない、とニクソン大統領に提言したことが報

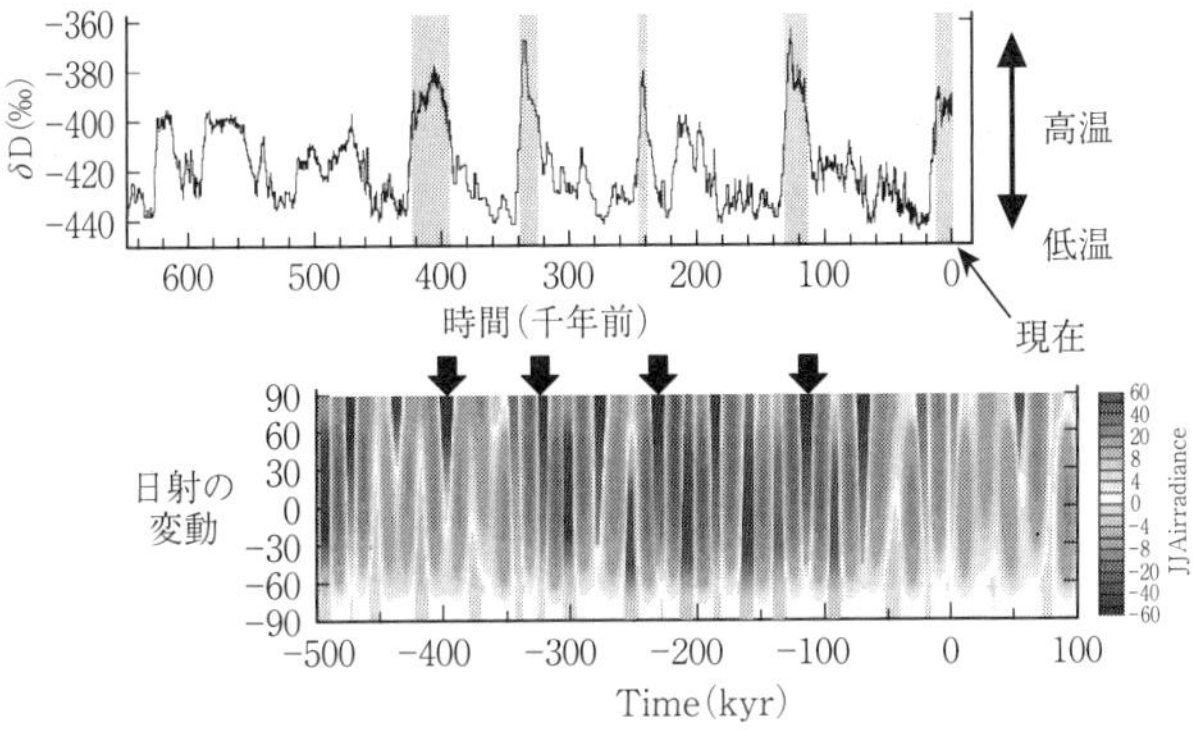

IPCC（2007）をもとに江守作成
※間氷期の終わりには北半球高緯度で夏期の日射の減少がみられるが，現在の間氷期を終わらせる可能性がある日射の減少は5万年先まで訪れない

図6-1　上：過去60万年の地球の気温変動の指標．下：過去50万年から将来10万年の北半球夏期における日射の緯度分布の変動

じられました。日本でも『氷河期が来る』という本が話題になりました。もしも、これから先氷河期が来るのであれば、温暖化の効果は打ち消されることにならないか――、そんな素朴な疑問を専門家にぶつけてみたくなりました。

この点について、私の取材に応じてくださった江守正多・国立環境研究所地球環境研究センター副センター長によれば、現在の科学では、次の氷期（氷河期）はあと数万年来ないことがわかっているようです（図6－1）。どうしてそのようなことが言えるのか。そもそも氷期・間氷期が起こるのは、太陽のまわりを地球が回る公転の軌道の形や地球の自転軸の傾きが周期的に変化することで、地球に入ってくる太陽エネルギーの量が変化するからです。
地球の軌道は木星や土星の重力の影響で徐々に変わっていくのですが、七〇年代と異なり、現在ではそれらの動きが将来どうなるかについて、天文学的な方程式を計算することによって予測できるようになっています。この計算によって過去の氷期・間氷期が始まった時のサイクルもわかります。そこから導き出された研究結果は、次の氷期が来てもおかしくないのは五万年先になるだろう、とのことです

もう一つの疑問は、最近、太陽の活動が弱くなってきているといわれますが、このことと温暖化との関係についてどのように考えたらよいかということです。

江守氏によれば、確かに、現在、太陽活動は弱まる傾向にあり、今世紀中に太陽は長期的な不活発期に入るという予測があるとのことです。三〇〇年ほど前にも同様の不活発期（マウンダー極小期）があったことから、温暖化を打ち消して寒冷化をもたらすような「ミニ氷河期」が来ると考える人たちがいます。

しかし、三〇〇年前のミニ氷河期の時は、実は世界平均ではそれほど大きな気温低下をもたらしておらず、かつ原因の一部には火山噴火の影響も含まれることから、太陽活動低下の影響は世界平均気温でせいぜい〇・三度程度だったと評価されていました。

温暖化によって、産業革命前から現在まで、人間の活動によってすでに気温は一度上昇していることが明らかにされています。二〇一五年に合意したパリ協定では、産業革命以降の気温上昇を二度未満に抑えないとまずい、現在を基準にすると気温の上昇をあと一度未満、できれば〇・五度未満に抑えないと大変なことになるといわれています。とすると、ミニ氷河期があったとして、多少の時間を稼げる可能性があったとしても、今世紀中に地球が寒冷化に向かうことはない。温暖化に真剣に取り組まなければ大変なことになるという認識に変わりはなさそうです。

自然環境と安全保障

自然環境と安全保障というテーマを一つの国是として考えるべきではないかと思います。私は日本というのは美しい国、住みやすい国だと思っていますが、美しければ美しいほど自然環境のリスクは高い。素晴らしい自然、山や川に恵まれていますが、それだけ人間が住むのにリスクが高くなる。これは過去の地球・世界の歴史を見れば、あらゆる分野に共通する常識と考えておく必要があります。

経済的にわかりやすく考えればこうなるでしょう。あるビジネスの利益率が大きいということとは、それだけその事業のリスクが高いということです。リスクが低ければ、たくさんの人が容易に参入しますから、利益は小さくなります。利益が大きいということは、一般的に言えば人があまりやらないことだからです。経営学的に言えば、その分リスクが高い、失敗する時は損が大きくなるというのは当然です。

自然は別か。そんなことはありません。美とリスクは比例するものではありませんが、コインの裏表の関係と考えれば納得もいきます。自然が非常に美しいということは、火山の噴火や洪水があり、いろいろな形でリスクが高いと考えなければいけません。そういう自然に恵まれた日本であります。そう考えると、私は、国民の安心・安全、今日よりも明日の生活がよい社会にするためには、自然に対する安全保障という観点が重要になってくると思います。

安全保障というと、すぐに軍備のことを連想しがちですが、ここで言っているのは国民生活を含めた安全保障です。国民の生活、将来への安全を保障する政策です。これは世界の中でも豊かな自然環境に恵まれている日本が、真っ先に考えなければいけないことです。

しかしながら、科学というものはそこまで進んでおりません。地震の予測はできても予知はできません。以前、地震の予知はできると地震科学者は言っていましたが、それはあくまでも研究予算獲得のためです。今や日本各地でたくさんの地震が起きていますが、ほとんど予知は不可能です。

　南海トラフ地震が起こる確率が、どんどん大きくなっています。最近は八〇%くらいの確率で三〇年以内に起きるのではないかと言われていますが、どの程度のレベルで何が起きるかはやはりわからないということです。地震のリスクと原発の是非ということも考えなければなりません。

　あるいは気象状況なども非常に予報が難しい。こう考えると、自然環境に対する国民の生活の安全保障ひとつ取っても、好き嫌いの問題ではなく、日本の国是としてやらざるを得ません。日本は自然のリスクから逃れることはできません。

　インフラの整備も含めて、相当予算を確保してやらなければいけません。たとえば水道やガス、下水道などのライフライン。いまから四〇〜五〇年前に、いろいろな町とか市、県のインフラが圧倒的な勢いで日本中で整備されました。それが、いま更新の時期に入っています。何十兆円というお金が要ります。借金を抱えた日本はいま、軍備を大幅に増強していますが、国民の生活の安全、将来の安全のためのインフラの整備は、武力増強以上にこれから計画的に、真剣にやらないといけないことは、これまでの記述でおわかりいただけるだろうと思います。

世界の人口増加がもたらすインパクト

今後ますます地球温暖化が進むとした場合、考えなければいけないのは食料や水をめぐる問題です。

加えて人口増加によって進んできた世界の動きも考える必要があります。マルサス(Thomas R. Malthus)の『人口論』が出たのが一七九八年。その頃から世界の人口は幾何級数的に増えてきました。一六〇〇年に五億人という地球上の人口が、一七〇〇年には六億人に、一八〇〇年に九億人になりました。そして、一九〇〇年、突如一六億人になり、二〇〇〇年には六一億人になりました。日本は人口が減少していますが、世界の人口はさらに増えて現在は七六億人。どこまでいくのでしょうか。

国連等の科学者の調査によると一〇〇億〜一一〇億人ではないかと言われています。一〇〇億までそう時間はかからないでしょう。アフリカは、おそらく三〇年で一〇億人が二〇億人になるとの予測があります。いまのままでいくと一年で六〇〇〇〜七〇〇〇万人の増加であり、あと四〇年経てば一〇〇億を超えることになります。

一〇〇億を超えた時に、地球は人々にものを食べさせることができるか。たぶん、自然環境を破壊して農地を拓き、工場を建てて、人間の生活を保障するようになるのでしょう。しかしその時に地球の環境はどうなっているかという問題は残ります。今そこまで考えて、こうやったらいいという結論は出ないと思います。また、アジアの人口はまだまだどんどん増えますから、その時には国と国とで食料の奪い合いが起きないとは言えません。こういうリスクがあるのだということを頭に入れておく必要があります。

水をめぐる問題

「はじめに」で申し上げたように、カロリーベースで計算すると日本の食料の自給率は先進諸国の中で、たぶん最低です。今、三九%で、六一%を輸入しています。日本がこれを一〇〇パーセントにすることは非常に難しい。

それから、エネルギーの自給率、日本は八%しかない。これも、先進諸国では最低です。九二%は輸入をしなければいけない。

これから三〇年、四〇年経った時の地球環境の変化とそれに伴う食料生産量の減少で、日本はどうなるか、ということを考えなければいけません。世界の食料の需給関係は、いまのところ気候に恵まれているから何とかなっておりますが、ひとたび異常気象が世界的に勃発すれば、食料を輸入に頼っている国々は大変なことになります。

カジノでお金を儲けるのもいいけれど、農業立国を目指して、農業で輸出を伸ばし、あるいは自給率を四〇％から八〇％とか、七〇％に引き上げるべきです。そういうふうにしていかなければいけない。だから、国は農業にお金を使うべきです。そして、できれば輸出国にする。あるいは自分で消費するものは自分で生産するという構造にしなければなりません。

そのためには水は必要です。地球上の水の九七％は海水です。日本は、世界にも稀なくらい、雨に恵まれております。雨に恵まれているから洪水が起きるリスクがあるわけですが、その大部分は海に流れます。人間が使える真水は三％しかないんです。これに警鐘を鳴らし研究を続けておられるのは、東京大学生産技術研究所の沖大幹《たいかん》教授です。

みなさんに覚えておいて欲しいのは、一キロの牛肉を作るのに、二万七〇〇〇倍の水が要るということです。従って日本は、形は牛肉でも実質、水を輸入していることになります。これを、ヴァーチャルウォーターと呼んでいます。豚肉は、六〇〇〇倍ぐらいの水が要ります。小麦を作るのには二〇〇〇倍くらいの水が要ります。輸入食料を水で計測すると一年で琵琶湖（貯水量二七・五立方キロメートル）の二・五倍の水を消費していることになります。

日本ほど水に恵まれていてもそうなのです。中国やインドでは海水を機械で淡水化しています。脱塩（デサリネーション（desalination））といって塩分を取る。おそらく一トンの真水をつくるのに、八〇～一〇〇円かかるのではないでしょうか。

そうすると、膨大な量の海水を淡水化しなければいけない。人間が使う水を一〇とすると、六～七割は農業用水です。そして、二割ぐらいが産業用、工業用水に使います。人間が、お風呂に入ったり、顔を洗ったり、生活で使うのが残り一割。真水の大部分は農業用なのです。農業に水は欠かせません。とりわけ明治時代から人口増により食料増産に着手した日本は水の管理に力を注ぎました。アメリカでも西部劇でおなじみのカウボーイが西へ西へと活動を広げていった。やはり水を求めてのものでした。

世界の農地は、ここ三〇年間で六～七％ぐらいしか増えておりません。なぜか。一つには、やはり雨量や地下水といった水の問題があります。人類の農耕の歴史は、緑が豊かで、川が流れて、海に近い地域から始まりました。森林を伐採して、農地にしようとしても、地下水がなく、雨が降らない地域では砂漠に変わってしまうからです。農地は三〇年で六～七％しか増えないのに、人間の数は毎年六〇〇〇～七〇〇〇万人ずつ、世界で増えている。どうやって食料を生産し供給するのか、ということになるわけです。

水は生命のもとです。日本は水が豊かだと思って安心してはいけません。地球上の三％しかない真水の圧倒的な部分は地下水と北極海の氷です。これからの気象予測からしてこれは増えません。しかも、温暖化でますます雪渓が溶けて、水資源や生態系に影響を与えることになります。

このような問題についても、日本の未来の大問題として頭に入れておく必要があるかと思います。

平和と自由貿易

私は世界各国でグローバリゼーションは、必然的に進むだろうと思っています。これは個人で選択するとかいうものではないんです。人間が増えるに従って、人と人との交流は、やめろと言っても確実に進むわけです。いまやグローバリゼーション抜きにして経済の活動はありません。

こうした世界情勢の下で日本の国是をどのように考えたらいいか。日本がどうしてもやらなければいけないことは、平和と自由貿易です。地政学的にも自然環境的にも、日本は自由貿易、自由経済なくして生きていけません。そのために、できるだけ世界のどの国とも仲良くしなければやっていけません。これは日本の宿命です。好き嫌いではない。

いま鎖国状態でも生きていける国はアメリカとオーストラリアくらいでしょう。要するに広大な土地を持っていて、食料も自給自足ができ、資源も持っているような国。アメリカなら好き勝手に行動して鎖国的な政策もとれるかもしれませんが、日本はとれません。経済制裁を受けて貿易ができなくなったり、エネルギーがなくなれば、あっという間に没落します。

そのためにも戦争は絶対にしてはいけない、世界の平和を日本は率先して守らなければいけない、それが日本の宿命であり、最大の国是ということになります。

田中角栄の言葉

田中角栄氏が偉いのは、そのことを正しく理解していたことです。彼は「世界の指導者から戦争体験者がいなくなった時が、一番怖いんだ」との言葉を遺しています。

『戦争の大問題』（東洋経済新報社）という本を書いた時、私は、戦争体験者に何人も取材しました。その時に取材した全員が、「戦争だけは絶対にやらないでください」と言われました。

しかし、実際に戦場に出かけた人たちで、自分の息子や娘に、自らの戦争の体験を語る人は非常に少ない。語れないということなのでしょう。戦争とは、それほどまでに残虐なものです。ジャングルで飢えて、人の肉を食べた。あるいは、人が瀕死の状態でも助けることができない。「実際に戦争になったら、国は国民を助けない。兵隊は自らを守らなければいけない。沖縄の人々と同じように国は国民を守ってはくれない……」というような話を聞いたのです。あるいはシベリア抑留の話を聞いたりもしました。

しかし、戦争体験者はどんどん少なくなり、われわれは、いまも世界のどこかで戦争が行われていることを忘れてしまいがちです。これからさらに世代が進むと、戦争はますます忘れ去られ、ＩＴ技術の進歩で、いずれ近々ゲーム感覚でしか捉えられない人が多くなるかもしれません。

しかし、本当に戦争を体験した人たちは、そうではありません。戦争のイメージを完全に忘れ去ることは、実際に戦争を体験した人にはできません。「自殺した帰還兵のほうが、戦闘で死んだ米兵より多いというデータもある」（戦場の心理学の専門家デーブ・グロスマン氏へのインタビュー記事「戦場に立つということ」朝日新聞二〇一六年九月九日、中村江里氏によるコメント）。私にはわかる気がする。つまり、戦争のイメージがフラッシュバックでよみがえってくる。私自身も、幼少の頃、空襲で空から焼夷弾が落下し、逃げる途中、走る両側を艦載機に撃たれた時の光景はいまだに忘れられません。

憲法について

「日本は戦争に近づくな」「日本の国是は平和」というのは、これまで述べてきたような理由によるものです。つまり、これは日本という国が存続するため、あるいは国民自身の生命・幸福を守るためです。そして、その中心にあるのがいまの憲法でしょう。現に、戦後七〇年以上、日本はその国是を守ることで世界から信頼され、経済発展を遂げてきました。日本は他国の人を殺したことがない国、殺しにも行かない国ということで、世界から特別の存在意義を認められてきました。日本のような憲法を欲しいという国はたくさんあるのに、戦後の日本を外国人を一人として殺したことのない国として評価する国はたくさんあるのに、なぜそれをわざわざ急いで変えようとするのでしょうか。「日本も普通の国になって、アメリカと一緒に戦える国にしよう」と言いますが、先ほどから申し上げているように、普通の国になったら、日本の存在意義は小さくなるでしょう。

もちろん、国を守ることは大切です。自分たちの身を守る程度の防衛装置は持たなければいけないでしょう。そして、それは専守防衛、いまの自衛隊のままでいい。いまの憲法で十分。これも安全保障の一つです。

安全保障には二つあります。自衛のための軍隊と自然災害への支援・救助というのは違います。少なくとも、いたずらに侵入してくる者に対する防衛の装置は持たなければいけないでしょう。しかしながら必要なことは、戦争に近づくな、戦争はやるなということです。その気持ちを持たないと、あっという間に戦争に近づくことになってしまうでしょう。その後ろ盾となっているのが、いまの憲法であることは言うまでもありません。

アジアと世界の平和のために

繰り返しますが、日本の国是は平和と自由貿易です。これなくして、日本は本道を歩むことはできません。ましてや、いま「はじめに」で見たように、さまざまな分野で日本の順位が下がってきている時に、日本がよその国と紛争なり、戦さを交えている余裕などないというべきです。かといって、他国に何か言われて、不条理を唯々諾々と受容する必要はありません。日本は日本で、言うべきことは主張しなければいけない。あるいは、攻められた時には防衛をしなければいけない。

第一章で述べたように、これからの世界は中国対アメリカという形で、表向きは別として世界が二分されていく可能性があります。

そのなかで日本はどう生きていくのか。現在の日本は、アメリカに追随していますけれども、世界は非常に大きな転換点に差し掛かっています。二つの大国の狭間で、日本は沈没してしまうのか、あるいはその狭間で行司役になったり、世界の平和と安定のために何らかの役割を果たすことができるのか。その二つの別れ道ではないかと思います。

日本はアメリカとは戦後は緊密な関係にあり、中国とは隣国として長きにわたる交流の歴史があります。どちらか一方の国に追随したり密着することが、日本にとって本当によいことか。そういう時はやはり日本の国是に立ち返って考えるべきです。

世界のどの国とも仲良くし、世界のあちこちから尊敬され、信頼を得ることが、唯一、日本の生存の国是です。今のように一〇〇パーセント近くアメリカに追随していては、信頼も何も得られません。世界中の人々から、「さすが日本だ」と言われるような国にしなければいけません。

自給自足ができない国ということでは中国も日本と同じです。中国の人口は一四億近い。これを食べさせていくのは大変です。食べさせていくためには、やはりグローバリゼーションを受け入れ、貿易をさかんにしなくては中国はやっていけません。例を挙げると、大豆の輸入量が、日本は三〇〇〜四〇〇〇万トンであるのに対し、中国は九五〇〇万トン買っています。世界の貿易の五割以上、恐ろしいほどの量を買っています。

要するに彼らも日本同様、世界が平和で、あちこちの国々から輸入できないと国の生命に関わります。ブラジルと喧嘩して、アメリカと喧嘩したら、もうやっていけない。気候変動で食料事情が逼迫すれば、困るという点も同じです。食べていけません。

だから、私が言う日本の国是は中国にとっても国是であるわけです。中国も平和でなければやっていけないのだから、これからの中国と日本、隣国の韓国が戦いを交えてはいけない。日中の平和は必須です。

私は習近平に少なくとも十数回会っていますが、そのたびに彼が言ったことがあります。「日本と中国は、住所変更できません」。隣のおうちと喧嘩しても、嫌ならその家を誰かに貸して、どこかへ移ればいい。住所変更ができます。日本と中国は、大嫌いだからと言って住所は変えられません。その心は「だからこれから先も両国は仲良くするしかない」ということでしょう。

漁業権と資源の共同開発

ご承知のとおり、日本と中国とは尖閣問題が喉にささった棘です。しかし、私は中国側の人たちと議論した時に、「みなさん、日本と戦争を何のためにやるんですか」と聞いてみたことがあります。その時、彼らは「日本と戦争をやる気はありません」「申し訳ないけれども、中国人が戦争に勝ったとして、あんな小さな島をとって何をするんですか」と、私に聞いてきました。

もちろん、中国の人がそう言っていたからと言って、それをそのまま信用することはできません。そのまま信用していたら、あとで「うっちゃり」を食らうかもしれないわけだから、何とも言えません。

しかしながら、やはり中国と、漁業権と資源の共同開発の話はきちんと進めておくべきでしょう。この二つの問題については、これまでの日中両首脳の政治声明の中にも触れられています。

おそらく新しい天皇が即位された時に、習近平も日本に来る可能性が高いと思います。その時には、新天皇とも会見し、日中五度目の政治声明が発表されるようにして欲しいと思います。過去の日中両首脳は、四回発表しています。

北朝鮮問題のゆくえ

北朝鮮問題ですが、アメリカと北朝鮮の首脳会談が実現しました。ここまできて壊れたら、もう選択の余地がない。戦争の方向に行かざるを得なくなってしまうと思います。それは何としても避けなければなりません。米朝関係が壊れないようにして、非核化を実現するためには、中国も間に入らざるを得ないでしょう。

一九五〇～五三年の朝鮮戦争の時に、休戦協定にサインしたのは北朝鮮、中国、朝鮮国連軍（アメリカを中心に、英、加、豪等、国連加盟一六カ国（当時）で構成）です。朝鮮戦争の休戦に反対した韓国は入っていません。したがって、休戦協定にサインをしたこの三カ国が、戦いを終わったことにしなければならないのです。そして、国交を正常化して、それからお互いの事務所を置く、両国の代表が駐在するような方向になるのでしょう。少なくとも中国は、そういう意味で非常に大きな役割を持っています。しかし、アメリカと中国は貿易戦争に突入しました。そのことも、今後の動きに不透明感を与えています。

日本は現在、北朝鮮にまったくルートがありません。しかし、繰り返し述べてきたように、アジアの平和があって世界の平和があります。日本がいま、やらなければならないことは、アジアの平和のために、日本こそが前面に立って、中国と話し、アメリカとも話し、調整役として話をまとめていくことでしょう。これができるのは、平和を国是とする日本以外にないという気概を持って、勇気と決断力を持ってやって欲しい。これが政治の仕事ではないかと思います。

日本外交の多元連立方程式

日本の将来を考えた場合、隣国を中心に、五つの国との関係をどうするかということを考えていかなければなりません。すなわち、日本と中国、日本と韓国、日本と北朝鮮、日本とロシア、そして日本とアメリカです。日本はこれからこの五つの関係、多元連立方程式を解いていかなければいけないわけです。多元連立方程式と言ったのは、それぞれの方程式を成立させる答えはすべて同じ答えでなければいけないという意味です。そして、そのただ一つの答えというのは、やはり、「自由と平和」ということになるでしょう。

もし、それぞれの国によって答えが違う、個別に解を得るしかない、というのであれば、日本の平和にはどうしても危うさが残ってしまいます。アジア全体の平和も難しいということになります。

日本は率先して自由と平和を求めていく、それが日本外交の基軸に置かれるべきです。そうした自覚をもって日本の平和のために努力していかなければなりません。

第七章　そして、畏怖《おそれ》を忘れた私たちはどう生きるか

前章で述べたように、日本の国是の一つは自由貿易です。そのために求められるのは技術力です。これまで、日本は高い技術力で、魅力的な家電や自動車などを次々とつくり出し、それを世界に輸出してきました。少子化が進み、財政が厳しくなるなかで、今後とも日本が高い技術力を維持するためにはどうしたらよいのでしょうか。さらにこれからの日本が観光立国、農業立国を目指すとしても、学術研究や技術力が必要不可欠になります。「観光」には地域の歴史やホテル、レクリエーション施設の業務運営のノウハウ等に学問的な裏づけなくして、安定産業として発展させることはできません。農業も科学技術の結晶です。貿易立国、観光立国、農業立国、いずれも教育が重要となります。どうやって人を育てていけばよいのでしょうか。

そうした問題や人材育成、教育といったテーマについて、これまでの経験を踏まえながら考えてみたいと思います。

日本の技術力をどう高めていくか

どのような技術であれ仕事であれ、「ヒトとカネ」は必須条件です。もっとも、いまは世界に通じるヒトが恐ろしく枯渇しています。いまや日本の科学技術界では、人材不足ということは定説となっております。

カネについてはどうか。技術開発は、ファイナンスを抜きにしては考えられません。ヒトと場所、テクノロジーに加えてお金が主軸となる。だから、ファイナンスなくして科学技術の進歩はないわけです。

いま、中国の主要な都市で激しい人材獲得競争が始まっています。中国の国内報道によれば、AからB、C、D、Eまで技術者のランクがあるそうです。Aランクの人は博士号を持っていて、世界的にも有名で、その分野では、ある程度の功績があるというような人です。この人が、たとえば、もし来てくれるなら、一八〇平方メートルのマンションを一室、タダであげます、といって招聘する。

あるいは、Bランクくらいの力があり、新しい技術を開発したいと思う人が来てくれれば五〇〇万元の開発資金を出します、といって呼び寄せる。五〇〇万元を日本円に直すと八〇〇〇万円ぐらいです。それをまるまる自分の技術開発に使える。もちろんそれで何か開発できれば、そこから生まれる知財権等の利益の一部を中国側や招聘者がもらう。

一番下のEクラスの人は、修士号、学士号を持っている人たちですが、そういう人たちでこれはと思った人には、一定の研究の補助金とか、生活の補助を出すことにしている。それで、年間に何十人と招致しているわけです。たとえばハルピンとか北の地方都市では、お金が出せないので、そういうところから優秀な技術者が逃げてしまう。

そうすることで海外にいる優秀な中国人たちも戻ってくる、こうした政策は主に地方自治体によって推し進められていて、日本人でも大企業で高齢ながら働いていて、博士号を持っているような優秀な人が、広州市の募集に応じて日本へ帰ってこない、といったことが起きているようです。日本人に限らず、インドやマレーシアなど、いろいろな国の優秀な技術者たちがこれからよりいっそう中国に集まっていく可能性があります。

言うまでもなく、アメリカの技術者は、全員アメリカ人かといえば全然違います。アメリカは世界中から優秀な技術者を集めることで、高い技術力を保ってきたわけです。それなのにトランプ大統領が移民排斥を唱えたりしているのはまったく愚かなことです。トランプ氏がやっているのは、世界中の技術者が目指している方向とは真逆の方向です。このままでは、日本はもちろん、アメリカも中国に抜かれてしまいかねません。

縦型社会を壊せ

日本はどうしたらよいか。ここでも、旧来の日本の縦型社会の伝統が障害になっているように思います。

日本では、それぞれの省庁や企業が一つずつばらばらに研究開発を進めることが多かったしいまもそうですが、一つの組織が出せるお金も少なくなってきている現在、それでは世界と太刀打ちするのは難しい。

日本では、「中国が一八〇平方メートルのマンションなら、こちらは二〇〇平方メートルにしよう」とか、すぐに些末な点で張り合おうとしがちですが、研究は一人だけではできませんから、やはり、優秀な人と彼を中心にしたグループが必要になるでしょう。そうなると必要なヒトへの投資額はべらぼうなものになる。

国の財政が借金まみれで、科学技術に対する予算も増やせないなか、ひとたびノーベル賞受賞者が出るや、文科省は今度はノーベル賞受賞者の行っている研究を中心に大きな予算をつける。それ以外の地道な研究、いまの時点ではまだ光の当たっていない研究には予算が回らなくなるということも起きています。

日本の科学技術研究は、日本の縦型社会を反映して、ポジティブリスト方式だと言われます。つまり、各省庁、各企業から「これを開発してくれ」と指示された研究にだけ予算がつけられ、それ以外の研究はできない。これに対して、アメリカのシリコンバレーなどでは、基本的にネガティブリストで、たとえば、「戦争に参加するような技術は禁止するが、それ以外なら何をやってもよい」という発想です。

科学技術の研究では、当初自分が研究していた領域とは異なる分野や面白いテーマを発見して、そちらの方向にシフトしてみたいと考えることはままあることです。研究者が、自分の領域を超えていい研究をしていい結果を生むということが起こりうるのであって、科学技術は、最初からこれをやって、これ以外はやってはいけないと決められるものではありません。だからいま、大企業の技術者で、辞めていく若者は多いと聞きます。これは絶対にやりたいと思う研究ができなくて辞めるわけです。

日本にはびこる縦型社会の掟では、最初に予算をつけたもの以外のテーマで海外の研究者と横のつながりが生まれて、共同研究の論文を執筆したり、ということも起こりにくくなります。日本からシリコンバレーに新しいインターネット関連の半導体の技術を勉強しに来た人が、交流会の場で知り合ったいろいろな国の研究者と「おお、それは面白そうだ」という話で盛り上がり、それならみんなで一緒にやろうじゃないかということになった。日本に電話したところ、ポジティブリストに入っていないので「そんなものは、経産省に任せておけ」とか、「厚労省に任せておけ」と言われた。海外の技術者から、「お前は何をしに来たのか、ただ技術を盗みにでも来たのか。それなら最初から来るな」と言われるようです。

オープン・テクノロジーの時代

加えて、インターネットの時代になってから、科学技術は誰でもアプローチできて、横に広がるオープン・テクノロジーの時代に入ったといわれます。巨大企業が自らの技術をネット上に公開し、それに誰でもアプローチできるようになって、そこから次から次へと発展するということが起こっています。地方で農業を営む若者がオープン・テクノロジーを活用して、誰も考えつかなかった技術を発明するということが起きています。技術のスパイ戦争のごとき争いは、グローバリゼーションの世界では外れた考えでしょう。本道は競争と協調でなくては世界の技術発展はありません。

オープン・テクノロジーで他人の技術を活用して、そのうえで自分も新しく開発していく。みんなの知恵が、すべてオープンで集まってくる。これが、インターネットの世界です。

それなのに、いま日本がやっていることは、道徳の教科化にしても、働き方改革にしても、国民を型にはめ込んで、ますます縦型社会を強めようとしているように思います。そのせいか、メディアの世界も、テレビの報道番組にしても、書店に並んでいる本も似たような内容のものばかりが増えてきました。このようななかから、型破りで大胆な発想が生まれて日本が強くなるとは思えません。

世界の企業がリベラルアーツを必要とするようになった

先日、アメリカのあるＩＴ系企業が人事制度改革を行い、技術開発委員会のメンバーに新商品の開発スタート時から必ず、リベラルアーツを専攻した人材を入れることにした、という話を聞きました。世界を席巻しつつあるアメリカのＧＡＦＡ（グーグル、アマゾン、フェイスブック、アップル）、あるいは中国のＢＡＴ（バイドゥ、アリババ、テンセント）といった巨大ＩＴ企業でも、リベラルアーツ人材、とりわけ各国の技術史を勉強した人材を入れるようにしているといいます。

ＩＴ系企業だけでなく、ウォール街の金融機関でも、かつてはＭＢＡ（経営学修士）を取得した人材を採用するか、理科系出身者で技術開発を進めてきたのが、リベラルアーツ専攻の学生の採用を増やしているといいます。

それはどうしてかというと、近年、予想もつかなかった新技術が登場したり、グローバル化の急速な進展により、ＳＤＧｓ（持続可能な開発目標）、ＥＳＧ（環境・社会・経営管理）等企業が対応しなければいけない問題はかつてよりはるかに多面的かつ複雑になってきました。そこで、できるかぎり多彩なバックグラウンドや視点を備えた人材を入れて、企業内に「多様性」をもたらす必要が出てきたということだと思います。

日本でも最近、デザイナーを企業経営の中枢に参画させる、「デザイン経営」という言葉を耳にするようになりました。デザイナーであれば、既存の法律・会計制度等の枠組みに囚われない自由な発想が可能で、これにより企業経営に創造性をもたらすのではないかと考えられているのです。

いずれもそうした動きの背景には、「ＡＩ」や「ロボット」があるように思います。定型的な日常業務はＡＩやロボットに任せ、人間はむしろＡＩが苦手とする、顧客の立場に立って考えられた商品やサービスの開発・創造に専念する。ＩＴ系企業のリベラルアーツ人材重視の流れは、人間の五感（視・聴・嗅・味・触）の中でＡＩが恐らく持てない感情や感性を入れて、ＡＩの欠点を補おうとするものだと思われます。

日本では研究予算が削られるなか、次世代技術の開発の遅れが指摘されています。さらには、リベラルアーツを本格的に身につけさせることを軽視する一方、規律重視、型にはめる教育がむしろ強まっているように感じます。時代の流れにどんどん逆行するようで、このままでは日本は世界との競争に負けてしまうのではないかと心配です。

全日本のプラットフォームをつくれ

私は官僚の方々や科学者の方たちとお会いした時に、「プラットフォームをつくりなさい」と言っています。

つくるというのは、横のプラットフォームです。縦の枠を超えて、個人個人が技術者として、あるいはグループ、組織として横につながっていくためのプラットフォーム。

たとえば、原子力とかサイバーセキュリティ技術、あるいは防災とか、ある分野について非常に有名な人が数人で横の研究会を組織します。そして、若い人たちに呼びかけて、「意見交換をしましょう。原子力（あるいはサイバーセキュリティ）について話し合いましょう。関心のある人、集まってください」という形で、週に一回、月曜日の何時というような感じで集まって、いろいろと分野・新技術開発ごとに話し合う場をもうける。自分の専門が医学であろうと、農業であろうと、関係なく参加できる。日本の技術のプラットフォームをつくるわけです。場所の提供などは大手メディア、地方自治体、NPOが行い、政府あるいは企業が「これは面白い」「これはいい」と思ったら、一緒に共同研究をする。研究資金も提供する。このような形で日本の総合力というものを発揮する。科学技術の世界での縦型社会を壊していくことが必要だと思います。

どうやって人を育てるか

アメリカでは近年、教育経済学という分野が急速に発展しています。そこでは、小さい頃からその人が四〇～五〇歳になるまで追跡調査をして、四〇年、五〇年、その人がどうやって成長してきたかを実証的に研究するということも行われています。

こうした研究を行うことで、幸福になった、金持ちになった、出世した、偉くなったという人たちに共通しているものは何か、を探ろうとするのです。

その教育経済学の題材の一つに、スタンフォード大学のマシュマロ実験というものがあります。四歳、五歳の子を集めて、マシュマロを一つだけ食べてもらいます。そして「私が戻ってくるまで残りの一つを食べるのを我慢していたら、マシュマロをもう一つ食べてもいい。私がいない間にそれを食べたら、二つ目はなしよ」と言って部屋を出ていく。そうしたら、三、四割の子が食べなかった。あとの六、七割の子は「おいしいのに、なんで食べちゃいけないの」と言って食べた。

さらに、その人たちの中学・高校・大学、それから社会に出てからを追跡調査したところ、実験結果と成長後の社会的な成功との間に、相関性が見られたといいます。そこでは自制心だとか我慢強さ、誠実さ、真面目さ、人の信頼を得るなど、孔子や孟子が言っているようなことが重要だということが示されたとして、アメリカでキャラクター・エデュケーションが熱心に行われるようになりました。この研究結果に対しては反論もあるようですが、私には腑に落ちるものがありました。

教育といっても、家庭教育と学校教育、社会教育と三つあります。誠実さや真面目さを学ぶ上では、家庭教育が一番重要だと思います。家庭教育は、白紙のキャンバスに絵の具を塗るように、生後間もないころの赤ちゃんに強烈な色をつけます。私の考えですが、子どもはそのなかで生まれて初めて出会う父親、母親の生活態度を見て育ちます。「子は親の背中を見て育つ」と言うのはそれです。父親、母親が、子どもと一緒に生活している時に取った行動、たとえば「子どもの前だから、これはしないでおこう」「ごはんを粗末にしてはいけません。お百姓さんが、どれだけ苦労してつくっているか」などを見聞きし、子どもは真似するわけです。父親、母親を見て、「人間はこうやって生きるものだ」と思うわけです。日々の父親、母親の生活が、子どもたちの将来にものすごく影響する。

いま、賃金がなかなか上がらないなか、父親も母親も食べるのにせいいっぱいです。子どもはあれだけ働かなければ食べていけないんだ、「勉強よりもおカネか」と思ってしまわないかが気になります。いまの日本社会を落ち着いた家庭教育ができる雰囲気にしていく必要があります。

ＡＩは人間を超えるか

人間の誠実さや真面目さ、我慢強さ、そうしたものが成功したリーダー、賢いリーダーたちに共通しているとしても、第一章で見たように、その人たちの質が世界的に見ても、だんだん悪くなってきています。日本でも一部の人々かもしれませんが、見聞する限りでは政治家や官僚、経済界の人たちの劣化ぶりは目を覆わんばかりです。

そうした人たちの口から、いま道徳教育の必要性が語られていますが、道徳というものは教室で教え込むものではなく、大切なことはやはり、両親、家族はじめ指導的な人たちが自らの背中を見せることで、そこから自ずと学び取っていくものでなければならないでしょう。

人間の方は全然進歩していない、むしろ退歩しているのではないかとさえ思えてくるのに対し、AIの方は人間のいいところばかり集めてどんどん進歩している、このままでは人間はAIに負けてしまう、将来、人間の仕事はAIにとって代わられてしまうのか、といった議論もあります。

この点について、専門家の人たちとの議論をとおして得た、私の現状の結論は、決して悲観的に考えることはない。AIが人間を使うことはまずない、人間がAIを使うことになるというものです。

AIの一番得意とするのは、分類と知識の蓄積です。AIが囲碁と将棋で勝つのは当たり前のことです。しかし、記憶力だけで仕事はできません。

人間がインプットしない限り、AIはアウトプットできません。そして、AIを動かすのは人間です。人間がインプットした範囲内で、AIは素早く分類をする。人間が道徳を教えれば、道徳ロボットになります。しかも、明治時代の道徳を教えれば明治時代の道徳ロボットになり、昭和の道徳を教えれば昭和時代の道徳ロボットになる。それから、資本主義の倫理を教えれば資本主義のロボットになり、共産主義の倫理を教えれば、共産主義のロボットになります。まったく未知の問題、多様な問題に直面した時に、そこでバランスを取って考え、創造的な解決策を打ち出す、ということは人間にしかできないのです。

簡単に言ってしまえば、ＡＩは人間の助手、助っ人として使うべきです。ＡＩが人間を助っ人として使うのではない。ＡＩが進歩することによって、それぞれが、自分の助手、自分の助っ人を必要とする、そういうＡＩがおそらく出てくるでしょう。

たとえば福祉分野では、介護にしても、医療にしても、介護される方それぞれにいろいろな助っ人が要ります。この時も、患者の気持ちを理解し、誠実さをもって相手の立場に立ってやさしく介護することはＡＩには期待できません。

そう考えていけば、たぶんこの二〇年、三〇年、ＡＩが魂を持ち、心まで持つということはありえないと、私は思います。そしてＡＩの登場によって、人間の仕事がなくなるということもない。むしろ、ＡＩの周辺からＡＩ関連の新しい仕事（ＡＩやロボットの修理・メンテナンスのためのビジネス、ＡＩリテラシーのための教育等）が次々と生まれてくることでしょう。それは、一八四九年、アメリカの西海岸で金鉱脈を掘り当てるために人々が殺到した、いわゆるゴールドラッシュの時に、一番の金持ちとなったのが金を採った人ではなく、採掘者が必要としたジーパンの製造会社だったという話に似ています。人間の仕事はなくならず、これまで考えられなかった新しい仕事に対応することを一人ひとりが考える時代がくると思います。

経営者の要諦とは

次に、会社でどのように人を育てるか、経営者はどうあるべきかということについて、自分の経験も踏まえてお話ししたいと思います。

経営の基本は、やはり会計です。だから、日本の経営者は、まず会計をきちんと学ぶべきです。そうしないと、有名大企業で発生するような粉飾決算事件が起こります。「会計のことはわかりません」では、経営はできません。社長になったら、まず会計をやる。自分でわからなければ、経理部とか、監査役を呼んで、三日でも、四日でも、一週間でもいいから、企業会計について講義してもらうとよいでしょう。

企業間の共通言語というのは、会計です。英語でも日本語でもない。株式市場と会話ができるのも会計なんです。共通語を喋らないと株価の比較も、企業間の比較もできません。企業経営とは、そういうものだということをもっと頭に入れておく必要があります。

後継者を育てるには

それから社長の一番の仕事は、後継者を見出して育てることです。有名な経営者で、「後継者がおりません」と堂々と語る人がいますが、それは、あなたの責任でしょう、何年もやってきて、よく恥ずかしくもなくそんなことが言えるものだ、と思うことがあります。

後継者はトップ経営者が育てるものです。「ウチには未熟者ばかりだ」と言うけれど、経営とは未熟者を経営者に育てるものなのです。そういう経営のイロハができていない人が多すぎます。

自分だけ高い報酬を受け取って、あとは野となれ山となれでは困ります。ゴーイングコンサーンといって、会社は将来に渡って事業を継続していくことが前提です。だから、たすきを落としちゃいかん、たすきを渡すことが、社長の一番の仕事です。たすきを落としたら、そこで駅伝は終わってしまう、会社がつぶれるということと同じです。

後継者を見抜く、育てるのに決まった方法などありません。「これとこれの成績がよければ合格」なんてものは、経営にはない。一番肝心なことは、嘘をつかないことでしょう。経営者は、社員に嘘をつかないとか、誠実・真面目であるとか、法律違反をしないとか、そういうことがまず第一です。あとは、日ごろの生活態度が誠実かどうかです。口では、いくらいいことを言っていても、普段は、人が見ていないとろくなことをしていないというようだと、いずれ会社のお金を私物化して無駄遣いする、というような問題が起こります。

「人は背中で語る」と言いますが、背中というのは、日常の行動、日ごろの生活態度のことです。顔が見えないところで、その人の価値が評価される。経営者も親と同様、背中で語るものです。

新入社員はどう仕事をしたらよいか

優秀な人材というのは、入社して数年でわかります。要するに、各々の分野で「これはけっこういくんじゃないか」というのが、一年か、二年でわかるんです。どうしてわかるかというと、やはり、「この人物は、信頼に足るかどうか」が決め手です。この人は、言われたことはちゃんとやる。人が見ていないところでもちゃんとやる。そして嘘はつかない。どうやってやったのか、いつ仕事したのかはわからないけれども、出来上がったものはきちんとできている。これはやはり、「背中で語っている」わけです。

「こいつ、ほかよりいいぞ」というのは、繰り返しになりますが、その人が信用できるということです。どの大学を出ようが関係ありません。入社したての時に、自分は有名大学も出ているし、将来社長になるんだなんて言う人がいますが、そういう人でその後社長になった人をあまり見ません。みんな、「われこそは」と思っているかもしれないけれども、上司の目はそういうところとは別のところにあるからです。また、そういう人材を発掘しなければ、会社はよくなりません。

実際、一流企業で、そういう人で偉くなっている人は本当に少ないのです。むしろ学生時代はたいしたことがなくても、仕事が信用できると、どこの大学を出たかなんて忘れてしまう。自分が社長の時も、出身大学の名前を気にせず役員を選びました。記者会見に向かう車中でプロフィールを見て、「聞いたことのない大学だけど、こんな大学あるの？」と聞いたら、「丹羽さんが初めて選んだ大学です」と言われて、「へぇ」と驚いたこともありました。

途中であきらめるな

また、人材というものは、そのように揉まれながら変わり成長してくるわけです。だから、最初は頑張っていた社員が、途中で仕事への情熱を失ってしまったり、逆に、最初は評価が低かった社員が次第に頭角を現してくるということも起こりえます。

せっかくいい仕事、信頼できる仕事をしていたのに、課長の昇進が同期から二年遅れただけで、「もう、終わりだ」と思ってあきらめてしまったりする人がいます。それはいけない。人はそこで終わりだと思ったとたんに、本当に終わってしまいます。「オレは二年も遅れた」と言うけれど、その二年遅れた人が、後に社長になることもあるのです。

あるいは、五〇代になって、「もう自分の先が見えた」などと言って、あきらめたりする。大多数の人が定年までまだ何年もあるのに、そこであきらめてしまいます。しかし、先なんて見えないんです。その人の背中を実は遠くで見ている人もいて、一度、別会社に出向させられていた人が、戻ってきて役員になるということも実際にあるわけです。もちろん、そこでちょっと這い上がれただけで、「偉くなったから、交際費をじゃんじゃん使おう」などと慢心する人は、これまた駄目です。こういうのは背中ですぐわかる。

やはり最後まで努力することです。私は先に、『死ぬほど読書』(幻冬舎新書)というタイトルの本を出しましたが、「死ぬまで努力」です。

人はみな素晴らしいDNAを持っています。人間のDNAの個人差はごくわずかだといいます。DNAにさほど差がないとすると、どうやって仕事に立ち向かうか。それは心の持ち方とか努力です。私はそれを、比喩的に「DNAのランプに灯がともる」と言っています。みんないいDNAを同じように持っていて、全力投球していたらある日、DNAにぴかっと灯がともる時がある。努力を途中でやめたら、永遠にランプはつきません。だから、決して努力をやめてはいけないのです。

辛抱して、我慢して、とにかく自分の心を強くするとか、人間として立派に生きようと思い、「お父さんは、こんなに一生懸命仕事をやっているんだ」という背中を見せることは、子どもにものすごくよい影響を与えます。それを見ている子どもは、親を真似る。子どもが一番尊敬するのは、父親と母親です。その父親と母親がいい加減に生きていたら、子どもは確実にその真似をします。だから、親が一生懸命やっていた人の子どもは将来偉くなるかどうかは別として、人間として立派な人生を歩んでいるでしょう。若い人が、一生懸命やって一番救われるのは子どもです。

人生の目標とは

お金をたくさんもらったとか、課長に早くなったとか、そんなことが人生の目標ではありません。やはり、人に迷惑をかけない、人を騙さない、そして誰からも信頼されて、人間として成長していく、そういうことが人生の目標だと私は思います。

金だとか、名誉だとか、出世だとか言っている人は大勢いますが、出世して、どうするつもりなのか？　いい車？　いい家？　そんなものは、一カ月か、二カ月の話です。いつまでも、この車がいい、この家がいいと言っていても幸福感はないでしょう。

新入社員の場合、会社に入った時の上司がどのような上司かで、その後の生き方に影響を受けるということは多々あると思います。その時の上司が変な上司だったら、本当におかしくなってしまいます。しかし、変な上司でも、「この人は反面教師だ。こういうことをしてはいけない」と考えられればいい。やがて自分が新入社員でなくなった時に、「自分はああいうふうになってはいけない」「自分が上司だったら、絶対ここで弱い者の側に立つ」と思うのです。そういうふうに思ってやっている人も多いと思います。

だから、働く若い人たちに言いたいのは、信用・信頼。それから死ぬまで努力です。

自分の場合

私自身のことを振り返ってみると、親からは「嘘をつくな」と徹底的に言われました。実家は、名古屋市内で正進堂という書店を営んでいました。「正しく進む」が屋号で、人のためになることを一生懸命やって、自分のことはあまり顧みない。金持ちでも立派な家でもないし、それよりも人の喜ぶ顔を見たいという思いが、母親には強かったという気がします。祖母と祖父からは「絶対に嘘をつくな。お天道様が見てござる」ということを、しょっちゅう言われました。そのことが自分の生き方に影響を与えたと思います。

会社で嘘をついてしまったのは一度だけです。まだ二〇代の頃にニューヨークへの赴任が決まっていて、それまでにやらなければいけない仕事がありました。船会社への精算が滞っていて、ある日、上司に「あれは終わったのか」と聞かれて、つい、「終わっています」と答えてしまいました。そうこうするうちに、その中の一社が倒産しそうだ、という噂が聞こえてきて、実に生きた心地がしませんでした。酒を飲んでいても気になる。これは仕事に影響してくる。夫婦間で嘘をつくのは一人しか被害を受けませんが、会社で嘘をつくと、全員に被害が及ぶ。二度と嘘はつくまいと思いました。以来、会社で嘘をついたことはありません。社員に対してはいつも、とにかく会社の状況をできる限り全部明らかにするようにしてきました。

よく言っているのですが、社長になったからといって偉いわけでもない。社長を辞めたとたん、普通のおじさんです。お金をたくさん持つということの意味もよくわからない。仕事は一生懸命やるけれど、自分の人生の欲は少ない。社長になったから自分は偉いなどと錯覚していると、社長を辞めた後がみじめになります。黒塗りのハイヤーは無駄だし、本も読めない、普通の生活者の感覚もわからなくなると思い、社長在任中もなるべく生活水準は上げないようにし、読書時間を確保するために電車通勤を続けました。

任期を終え、次の人にバトンを渡してめでたく普通のおじさんに戻りましたが、自分の人生がそれで終わるわけではありません。社長を辞めたら、残りの人生は社会のため、国のために使おうと思っていました。中国大使就任を打診された時にお引き受けしたのも、そうした思いからでした。

最後に——一歩前に踏み出そう

私は二〇一八年六月二三日に沖縄の平和祈念公園で行われた沖縄全戦没者追悼式の中継を見ていて、中学三年生の相良倫子さんが、原稿をまったく見ないで自作の平和の詩、「生きる」を朗読した姿に感激しました。中身も素晴らしい。亡くなられた翁長雄志知事の「平和宣言」も素晴らしいものでしたが、しっかりとものを考えている相良さんの詩は哲学的でもあり、本当に、私は聞きながら涙が出るほど嬉しかった。

「私は、今を生きている」「つまり、未来は今なんだ」——相良さんの詩にもあるように、今というのは、過去の出口であり、未来への入口です。今を生きることによって、未来を生きることにもなります。そして、今を生きることによって、過去を生きたことにもつながる。

日本の未来をつくるのは、みなさん方です。われわれです。誰もつくってはくれません。それが、今を生きるということになるわけで、みなさんの生き方が、日本の未来の方向を決める、ということになります。

そして、今何をしているか。何もしないということでは、何も変わらない、もしくは前よりも悪くなるということです。これまで申し上げてきた日本の国是には、始まりはあっても終わりはありません。人間は、忘れる動物です。一人ひとりが努力をしなければ、戦争の記憶も、イメージも忘れてしまいます。平和は、努力なくして維持できません。

国家でも企業でも、二割の主導的な層と、六割の中間的な層と、あとの二割は反応の薄い層から成り立っていると言われます。小学校も、中学校も、高校も、大学も同じような比率です。これは人の優劣ではなくて、そういう気持ちを持っているか、持っていないかです。今までどおりにじっとしていたら、人は全員ずっと変わりません。二割の主導的な人たちが一歩踏み出して、動き始めて、それがうまくいけば六割の人はついてきます。あとの二割の人は、何を言ってもついてこない。そう思えば腹も立ちません。ただ口で、「お父さんが悪い」「野党が悪い」「与党が悪い」と言って済むんだったら今と一緒です。何も変わりません。

私が言いたいのは、一歩前に出なさいということです。では、どうするか。今までやっていなかったことをやりなさいということです。一歩前へ、踏み出しなさい。

それは大ごとでなくていい。毎日運動をするとか、新聞社に投稿するとか、何でもいい。その場その場で自分がやりたいと思うベストをやりなさい。どうやって動くかも、自由、それぞれです。

私は将棋の羽生善治さんと二度ほど対談したことがありますが、この手を指したいなと思う時は、それがたとえ定石から外れていても、その手を指す方が後悔しないそうです。「ちょっと常識外れでも、指したいんだ。これで負けても納得がいく」「これで勝ったら嬉しい。負けても悔いは残らない。だから指したい手を指す」のだそうです。

自分の気持ちで、ここを一歩踏み出そうとする勇気を持ちなさい。自分がやりたいと思うベストをやりなさい。それで失敗しても、その場のベストなんだから、「それが自分の力であり能力だ」と私は思って日々生活しています。

一歩踏み出せば、急に世の中がよくなるかといえば、そんな魔法はどこにもありません。しかし、その小さな一歩が世の中を変えていくための唯一の処方箋です。

また、一歩前に踏み出すために仕事をする。本を読む。

仕事は、人生そのものです。喜怒哀楽が全部含まれています。仕事には、子どもの仕事も家庭の仕事も、会社の仕事もある。各々の仕事に、優劣はありません。人は仕事を通じて、そこからいろいろな刺激を受けます。そして読書というのは、世間を広げます。過去の偉大な人々とも読書で対話ができる。トルストイとも、ロマン・ロランとも、ゲーテとも。これができる動物は人間以外いません。人間だけの特権です。人間は、人との対話、読書、仕事の三つで成長していくんです。そして強くなっていくんです。

一人ひとりのそうした一歩が、大局的に見たら日本という国を変えていく。そして本当に国際的な信用・信頼が得られるような国にしなければいけません。それ以外に、日本の前進と生きる道はありません。

おわりに

中国大使を辞めてから講演を頼まれることが多くなり、ここ数年は年に一〇〇回程、日本の各地を回ってお話しさせていただいております。依頼されるテーマは、ビジネスに関するもの、中国問題などさまざまですが、政治の世界で憲法改正問題が騒がれるようになったせいか、「日本の国のこれからのかたちをどう考えればよいか」というテーマを依頼されることが多くなりました。本書は、そうしたテーマで私がこれまでお話ししてきたことをもとに、重要な論点についてはさらに複数の専門家に取材するなどして知見を深めながら、一年くらいかけてゆっくりと書き上げたものです。

私が結論としてたどり着いた日本の国是について、「なんだ、当たり前のことじゃないか」と感じられた読者も多いと思います。とりわけ、戦前、戦中、終戦直後の、日本が悲惨だった時代を身をもって体験された人たちからすれば、「日本は戦争をしてはいけない」「戦争は人々を狂人化する」「戦争となればどんな国でも国家は国民を守ってはくれないものだ」ということは、戦後日本の国民体験上の大教訓であって、「何をいまさら」という印象を持たれたかもしれません。

しかし、「パンはペンよりも強し」です。いざ何らかの危機が生じたとき、人間は思想や理念よりも、食欲をはじめとする生物本来の欲望の方が勝ります。そうなれば、他人のことなど考えていられないし、まして地球の未来のことなど眼中に入らないでしょう。

日本の未来の大問題の一つに、地球の人間力を超える自然のこれからがあります。

地球温暖化の影響が緩和されることはないと断言する専門家も多くなっています。生命線である食料・水に関して世界各地で問題が起こるようになれば、弱肉強食の「ジャングルの掟」が前面に出てくる可能性があります。

このように地球を俯瞰すれば、地下を掘りまくり、自然を破壊し、海を汚し、ある意味では「やりたい放題」に、傍若無人に、人間がいかに身勝手で強欲に地球をのし歩いてきたかとの思いがします。このままでは神の怒りか地球の反乱が起こらないかと、非科学的であっても、心の中に人知を超える何かであったり、神を畏れる気持ちが芽生えるのはごく普通の人間として何の不思議もありません。

また日本に限らず、「戦争を知らない世代」が多くなってきたことも、これからの世界にとって危うい要素です。マスメディアにおいても、極端な意見や過激な主張がしばしば見うけられるようになり、書店に行っても排外主義的な本があふれるようになってきました。

このようななかで、私たちが理性を保って、今後も戦争をしないで生き続けることは、実は大変なことなのかもしれないと思います。二〇一八年一二月二三日に八五歳の誕生日を迎えられる天皇陛下が、記者会見の席で心底から、「平成が戦争のない時代として終わろうとしていることに、心から安堵しています」と述べられたのを耳にした時、私は「自由と平和」こそ日本の国是と改めて強く感じました。

食料やエネルギーなど、海外からの輸入なくしては生きていけない日本が、地球環境問題に取り組むことは自国の安全と国民の生命を守るための、安全保障の最大かつ不可逆目標の一つです。そして戦争に近づかず、戦後七〇年間他国の国民を殺さなかったという、日本が長年培ってきた「世界からの信頼」をぶれずに生かすことこそが、日本の安全を守り、発展させる力にもなるのだ、ということを改めて強調しておきたいと思います。

そして、職場や家庭などの現場で、「今日よりもより良い明日の日本に向かって」「日はまた昇る」と、自らを信じて日々ベストを尽くして生活されている多くのみなさんに本書をささげたいと思います。

最後になりましたが、この本を出版するにあたり、岩波書店の伊藤耕太郎さん、元日本政策投資銀行の高橋達雄さん、お二人の資料準備、校閲等のご協力にお礼申し上げます。

丹羽宇一郎

二〇一九年一月

丹羽宇一郎

元伊藤忠商事株式会社会長，元中華人民共和国特命全権大使．1939年，愛知県に生まれる．名古屋大学法学部卒業，伊藤忠商事入社．1998年，同社社長，2004年，同社会長に就任．内閣府経済財政諮問会議議員，内閣府地方分権改革推進委員会委員長，日本郵政取締役，国際連合世界食糧計画（WFP）協会会長などを歴任し，2010年，駐中国大使に就任．現在，公益社団法人日本中国友好協会会長，早稲田大学特命教授，福井県立大学客員教授，伊藤忠商事名誉理事．『人は仕事で磨かれる』（文藝春秋），『死ぬほど読書』（幻冬舎新書），『戦争の大問題』（東洋経済新報社），『人類と地球の大問題』（PHP新書）など著作多数．

日本をどのような国にするか
――地球と世界の大問題　　岩波新書（新赤版）1761

2019年2月20日　第1刷発行

著　者　丹羽宇一郎《にわういちろう》

発行者　岡本　厚

発行所　株式会社　岩波書店
〒101-8002　東京都千代田区一ツ橋2-5-5
案内　03-5210-4000　営業部　03-5210-4111
http://www.iwanami.co.jp/

新書編集部　03-5210-4054
http://www.iwanamishinsho.com/

印刷・理想社　カバー・半七印刷　製本・中永製本

ISBN 978-4-00-431761-6　　Printed in Japan

岩波新書新赤版一〇〇〇点に際して

ひとつの時代が終わったと言われて久しい。だが、その先にいかなる時代を展望するのか、私たちはその輪郭すら描きえていない。二〇世紀から持ち越した課題の多くは、未だ解決の緒を見つけることのできないままであり、二一世紀が新たに招きよせた問題も少なくない。グローバル資本主義の浸透、憎悪の連鎖、暴力の応酬——世界は混沌として深い不安の只中にある。

現代社会においては変化が常態となり、速さと新しさに絶対的な価値が与えられた。消費社会の深化と情報技術の革命は、種々の境界を無くし、人々の生活やコミュニケーションの様式を根底から変容させてきた。ライフスタイルは多様化し、一面では個人の生き方をそれぞれが選びとる時代が始まっている。同時に、新たな格差が生まれ、様々な次元での亀裂や分断が深まっている。社会や歴史に対する意識が揺らぎ、普遍的な理念に対する根本的な懐疑や、現実を変えることへの無力感がひそかに根を張りつつある。そして生きることに誰もが困難を覚える時代が到来している。

しかし、日常生活のそれぞれの場で、自由と民主主義を獲得し実践することを通じて、私たち自身がそうした閉塞を乗り超え、希望の時代の幕開けを告げてゆくことは不可能ではあるまい。そのために、いま求められていること——それは、個と個の間で開かれた対話を積み重ねながら、人間らしく生きることの条件について一人ひとりが粘り強く思考することではないか。その営みの糧となるものが、教養に外ならないと私たちは考える。歴史とは何か、よく生きるとはいかなることか、世界そして人間はどこへ向かうべきなのか——こうした根源的な問いとの格闘が、文化と知の厚みを作り出し、個人と社会を支える基盤としての教養となった。まさにそのような教養への道案内こそ、岩波新書が創刊以来、追求してきたことである。

岩波新書は、日中戦争下の一九三八年一一月に赤版として創刊された。創刊の辞は、道義の精神に則らない日本の行動を憂慮し、批判的精神と良心的行動の欠如を戒めつつ、現代人の現代的教養を刊行の目的とする、と謳っている。以後、青版、黄版、新赤版と装いを改めながら、合計二五〇〇点余りを世に問うてきた。そして、いままた新赤版が一〇〇〇点を迎えたのを機に、人間の理性と良心への信頼を再確認し、それに裏打ちされた文化を培っていく決意を込めて、新しい装丁のもとに再出発したいと思う。一冊一冊から吹き出す新風が一人でも多くの読者の許に届くこと、そして希望ある時代への想像力を豊かにかき立てることを切に願う。

（二〇〇六年四月）

政治

日米安保体制史	吉次公介
官僚たちのアベノミクス	軽部謙介
在日米軍 変貌する日米安保体制	梅林宏道
憲法改正とは何だろうか	高見勝利
共生保障〈支え合い〉の戦略	宮本太郎
シルバー・デモクラシー 戦後世代の覚悟と責任	寺島実郎
憲法と政治	青井未帆
18歳からの民主主義	岩波新書編集部編
検証 安倍イズム	柿崎明二
右傾化する日本政治	中野晃一
外交ドキュメント 歴史認識	服部龍二
日米〈核〉同盟 原爆、核の傘、フクシマ	太田昌克
集団的自衛権と安全保障	豊下楢彦・古関彰一
日本は戦争をするのか	半田滋
アジア力の世紀	進藤榮一
民族紛争	月村太郎
自治体のエネルギー戦略	大野輝之
政治的思考	杉田敦
現代日本の政党デモクラシー	中北浩爾
サイバー時代の戦争	谷口長世
現代中国の政治	唐亮
日本の国会	大山礼子
戦後政治史〔第三版〕	石川真澄・山口二郎
〈私〉時代のデモクラシー	宇野重規
大臣〔増補版〕	菅直人
生活保障 排除しない社会へ	宮本太郎
「ふるさと」の発想	西川一誠
「戦地」派遣 変わる自衛隊	半田滋
民族とネイション	塩川伸明
昭和天皇	原武史
集団的自衛権とは何か	豊下楢彦
沖縄密約	西山太吉
ルポ 改憲潮流	斎藤貴男
吉田茂	原彬久
安心のファシズム	斎藤貴男
市民の政治学	篠原一
東京都政	佐々木信夫
有事法制批判	憲法再生フォーラム編
日本政治 再生の条件	山口二郎編著
安保条約の成立	豊下楢彦
岸信介	原彬久
自由主義の再検討	藤原保信
一九六〇年五月一九日	日高六郎編
日本の政治風土	篠原一
近代の政治思想	福田歓一
日本精神と平和国家	矢内原忠雄

岩波新書より

法律

治安維持法と共謀罪　内田博文
裁判の非情と人情　原田國男
独占禁止法〔新版〕　村上政博
密着 最高裁のしごと　川名壮志
「法の支配」とは何か 行政法入門　大浜啓吉
会社法入門〔新版〕　神田秀樹
憲法への招待〔新版〕　渋谷秀樹
比較のなかの改憲論　辻村みよ子
大災害と法　津久井進
変革期の地方自治法　兼子仁
原発訴訟　海渡雄一
労働法入門　水町勇一郎
人が人を裁くということ　小坂井敏晶
知的財産法入門　小泉直樹
消費者の権利〔新版〕　正田彬
司法官僚 裁判所の権力者たち　新藤宗幸
名誉毀損　山田隆司
刑法入門　山口厚
家族と法　二宮周平
憲法とは何か　長谷部恭男
良心の自由と子どもたち　西原博史
著作権の考え方　岡本薫
有事法制批判　憲法再生フォーラム編
法とは何か〔新版〕　渡辺洋三
民法のすすめ　星野英一
日本社会と法　渡辺洋三・甲斐道太郎・広渡清吾・小森田秋夫編
日本の憲法〔第三版〕　長谷川正安
憲法と天皇制　横田耕一
自由と国家　樋口陽一
憲法第九条　小林直樹
納税者の権利　北野弘久
小繋事件　戒能通孝
日本人の法意識　川島武宜

カラー版

カラー版 国芳　岩切友里子
カラー版 知床・北方四島　大泰司紀之・本間浩昭
カラー版 西洋陶磁入門　大平雅巳
カラー版 すばる望遠鏡の宇宙　海部宣男・宮下曉彦写真
カラー版 ベトナム戦争と平和　石川文洋
カラー版 難民キャンプの子どもたち　田沼武能
カラー版 メッカ　野町和嘉
カラー版 シベリア動物誌　福田俊司
カラー版 ハッブル望遠鏡が見た宇宙　野本陽代・R・ウィリアムズ
カラー版 妖怪画談　水木しげる

経済

日本の税金〔第3版〕　三木義一
金融政策に未来はあるか　岩村充
経済数学入門の入門　田中久稔
地元経済を創りなおす　枝廣淳子
会計学の誕生　渡邉泉
偽りの経済政策　服部茂幸
ミクロ経済学入門の入門　坂井豊貴
経済学のすすめ　佐和隆光
ガルブレイス　伊東光晴
ユーロ危機とギリシャ反乱　田中素香
ポスト資本主義 科学・人間・社会の未来　広井良典
タックス・イーター　志賀櫻
コーポレート・ガバナンス　花崎正晴
グローバル経済史入門　杉山伸也
新・世界経済入門　西川潤
金融政策入門　湯本雅士
日本経済図説〔第四版〕　宮崎勇・本庄真・田谷禎三

新自由主義の帰結　服部茂幸
タックス・ヘイブン　志賀櫻
WTO 貿易自由化を超えて　中川淳司
日本財政 転換の指針　井手英策
日本の税金〔新版〕　三木義一
世界経済図説〔第三版〕　宮崎勇・田谷禎三
成熟社会の経済学　小野善康
平成不況の本質　大瀧雅之
原発のコスト　大島堅一
次世代インターネットの経済学　依田高典
ユーロ 危機の中の統一通貨　田中素香
低炭素経済への道　諸富徹・浅岡美恵
「分かち合い」の経済学　神野直彦
グリーン資本主義　佐和隆光
消費税をどうするか　小此木潔
国際金融入門〔新版〕　岩田規久男
金融商品とどうつき合うか　新保恵志

金融NPO　藤井良広
地域再生の条件　本間義人
経済データの読み方〔新版〕　鈴木正俊
格差社会 何が問題なのか　橘木俊詔
景気とは何だろうか　山家悠紀夫
環境再生と日本経済　三橋規宏
社会的共通資本　宇沢弘文
景気と国際金融　小野善康
経営革命の構造　米倉誠一郎
ブランド 価値の創造　石井淳蔵
景気と経済政策　小野善康
戦後の日本経済　橋本寿朗
共生の大地 新しい経済がはじまる　内橋克人
シュンペーター　伊東光晴・根井雅弘
経済学の考え方　宇沢弘文
経済学とは何だろうか　佐和隆光
イギリスと日本　森嶋通夫
近代経済学の再検討　宇沢弘文

岩波新書より

社会

サイバーセキュリティ　谷脇康彦
まちづくり都市 金沢　山出保
虚偽自白を読み解く　浜田寿美男
総介護社会　小竹雅子
戦争体験と経営者　立石泰則
住まいで「老活」　安楽玲子
現代社会はどこに向かうか　見田宗介
EVと自動運転 クルマをどう変えるか　鶴原吉郎
ルポ 保育格差　小林美希
津波災害〔増補版〕　河田惠昭
棋士とAI　王銘琬
原子力規制委員会　新藤宗幸
東電原発裁判　添田孝史
日本問答　田中優子・松岡正剛
日本の無戸籍者　井戸まさえ
〈ひとり死〉時代のお葬式とお墓　小谷みどり

町を住みこなす　大月敏雄
親権と子ども　榊原富士子・池田清貴
歩く、見る、聞く 人びとの自然再生　宮内泰介
対話する社会へ　暉峻淑子
悩みいろいろ　金子勝
魚と日本人 食と職の経済学　濱田武士
ルポ 貧困女子　飯島裕子
鳥獣害 動物たちと、どう向きあうか　祖田修
科学者と戦争　池内了
新しい幸福論　橘木俊詔
ブラックバイト 学生が危ない　今野晴貴
原発プロパガンダ　本間龍
ルポ 母子避難　吉田千亜
日本にとって沖縄とは何か　新崎盛暉
日本病 長期衰退のダイナミクス　金子勝・児玉龍彦
雇用身分社会　森岡孝二
生命保険とのつき合い方　出口治明

ルポ にっぽんのごみ　杉本裕明
鈴木さんにも分かるネットの未来　川上量生
地域に希望あり　大江正章
世論調査とは何だろうか　岩本裕
フォト・ストーリー 沖縄の70年　石川文洋
ルポ 保育崩壊　小林美希
多数決を疑う 社会的選択理論とは何か　坂井豊貴
アホウドリを追った日本人　平岡昭利
朝鮮と日本に生きる　金時鐘
被災弱者　岡田広行
農山村は消滅しない　小田切徳美
復興〈災害〉　塩崎賢明
「働くこと」を問い直す　山崎憲
原発と大津波 警告を葬った人々　添田孝史
縮小都市の挑戦　矢作弘
福島原発事故 被災者支援政策の欺瞞　日野行介
日本の年金　駒村康平

岩波新書より

- 変えてゆく勇気　上川あや
- 戦争で死ぬ、ということ　島本慈子
- 社会学入門　見田宗介
- 冠婚葬祭のひみつ　斎藤美奈子
- 壊れる男たち　金子雅臣
- 少年事件に取り組む　藤原正範
- いまどきの「常識」　香山リカ
- 働きすぎの時代　森岡孝二
- 桜が創った「日本」　佐藤俊樹
- 生きる意味　上田紀行
- ルポ 戦争協力拒否　吉田敏浩
- ウォーター・ビジネス　中村靖彦
- 男女共同参画の時代　鹿嶋敬
- 当事者主権　中西正司・上野千鶴子
- ルポ 解雇　島本慈子
- 豊かさの条件　暉峻淑子
- 人生案内　落合恵子
- 若者の法則　香山リカ
- 自白の心理学　浜田寿美男

- 原発事故はなぜくりかえすのか　高木仁三郎
- 日本の近代化遺産　伊東孝
- 証言 水俣病　栗原彬編
- コンクリートが危ない　小林一輔
- 東京国税局査察部　立石勝規
- ドキュメント 屠場　鎌田慧
- 能力主義と企業社会　熊沢誠
- 沖縄 平和の礎　大田昌秀
- 現代社会の理論　見田宗介
- 原発事故を問う　七沢潔
- 災害救援　野田正彰
- 命こそ宝 沖縄反戦の心　阿波根昌鴻
- スパイの世界　中薗英助
- 都市開発を考える　大野輝之・レイコ・ハベ・エバンス
- ディズニーランドという聖地　能登路雅子
- 原発はなぜ危険か　田中三彦
- 豊かさとは何か　暉峻淑子
- 農の情景　杉浦明平

- 光に向って咲け　粟津キヨ
- 異邦人は君ヶ代丸に乗って　金賛汀
- 読書と社会科学　内田義彦
- 科学文明に未来はあるか　野坂昭如編著
- プルトニウムの恐怖　高木仁三郎
- 社会科学における人間　大塚久雄
- 沖縄ノート　大江健三郎
- 地の底の笑い話　上野英信
- この世界の片隅で　山代巴編
- 音から隔てられて　入谷仙介・林瓢介編
- ものいわぬ農民　大牟羅良
- 民話を生む人々　山代巴
- 死の灰と闘う科学者　三宅泰雄
- 米軍と農民　阿波根昌鴻
- 沖縄からの報告　瀬長亀次郎
- 暗い谷間の労働運動　大河内一男
- ユダヤ人　J-P・サルトル 安堂信也訳
- 社会認識の歩み　内田義彦
- 社会科学の方法　大塚久雄

現代世界

トランプのアメリカに住む　吉見俊哉
ライシテから読む現代フランス　伊達聖伸
ベルルスコーニの時代　村上信一郎
イスラーム主義　末近浩太
ルポ 不法移民 アメリカ国境を越えた男たち　田中研之輔
習近平の中国 百年の夢と現実　林望
日中漂流　毛里和子
中国のフロンティア　川島真
シリア情勢　青山弘之
ルポ トランプ王国　金成隆一
ルポ 難民追跡 バルカンルートを行く　坂口裕彦
アメリカ政治の壁　渡辺将人
プーチンとG8の終焉　佐藤親賢
香港 中国と向き合う自由都市　倉田徹 張イクマン
〈文化〉を捉え直す　渡辺靖

イスラーム圏で働く　桜井啓子編
中南海 知られざる中国の中枢　稲垣清
フォト・ドキュメンタリー 人間の尊厳　林典子
㈱貧困大国アメリカ　堤未果
女たちの韓流　山下英愛
新・現代アフリカ入門　勝俣誠
中国の市民社会　李妍焱
勝てないアメリカ　大治朋子
ブラジル 跳躍の軌跡　堀坂浩太郎
非アメリカを生きる　室謙二
ネット大国中国　遠藤誉
中国は、いま　国分良成編
ジプシーを訪ねて　関口義人
中国エネルギー事情　郭四志
アメリカン・デモクラシーの逆説　渡辺靖
ユーラシア胎動　堀江則雄
オバマ演説集　三浦俊章編訳
ルポ 貧困大国アメリカII　堤未果

オバマは何を変えるか　砂田一郎
イスラエル　臼杵陽
ネイティブ・アメリカン　鎌田遵
アフリカ・レポート　松本仁一
ヴェトナム新時代　坪井善明
イラクは食べる　酒井啓子
ルポ 貧困大国アメリカ　堤未果
エビと日本人II　村井吉敬
北朝鮮は、いま　北朝鮮研究学会編 石坂浩一監訳
欧州連合 統治の論理とゆくえ　庄司克宏
バチカン　郷富佐子
国際連合 軌跡と展望　明石康
アメリカよ、美しく年をとれ　猿谷要
日中関係 戦後から新時代へ　毛里和子
いま平和とは　最上敏樹
「民族浄化」を裁く　多谷千香子
サウジアラビア　保坂修司
中国激流 13億のゆくえ　興梠一郎

岩波新書より

環境・地球

水の未来　沖大幹
異常気象と地球温暖化　鬼頭昭雄
エネルギーを選びなおす　小澤祥司
欧州のエネルギーシフト　脇阪紀行
グリーン経済最前線　井田徹治／末吉竹二郎
低炭素社会のデザイン　西岡秀三
環境アセスメントとは何か　原科幸彦
生物多様性とは何か　井田徹治
キリマンジャロの雪が消えていく　石弘之
イワシと気候変動　川崎健
森林と人間　石城謙吉
世界森林報告　山田勇
地球の水が危ない　高橋裕
地球環境報告II　石弘之
地球温暖化を防ぐ　佐和隆光
地球環境問題とは何か　米本昌平
地球環境報告　石弘之
国土の変貌と水害　高橋裕
水俣病　原田正純

情報・メディア

K-POP 新感覚のメディア　金成玟
メディア不信 何が問われているのか　林香里
グローバル・ジャーナリズム　澤康臣
キャスターという仕事　国谷裕子
読んじゃいなよ!　高橋源一郎編
読書と日本人　津野海太郎
スポーツアナウンサー 実況の真髄　山本浩
戦争と検閲 石川達三を読み直す　河原理子
NHK〔新版〕　松田浩
震災と情報　徳田雄洋
メディアと日本人　橋元良明
本は、これから　池澤夏樹編
デジタル社会はなぜ生きにくいか　徳田雄洋
ジャーナリズムの可能性　原寿雄
ITリスクの考え方　佐々木良一
ユビキタスとは何か　坂村健
ウェブ社会をどう生きるか　西垣通
報道被害　梓澤和幸
メディア社会　佐藤卓己
現代の戦争報道　門奈直樹
未来をつくる図書館　菅谷明子
メディア・リテラシー　菅谷明子
職業としての編集者　吉野源三郎
本の中の世界　湯川秀樹
私の読書法　大内兵衛／茅誠司

岩波新書より

宗教

- 初期仏教 ブッダの思想をたどる　馬場紀寿
- 内村鑑三 悲しみの使徒　若松英輔
- パウロ 十字架の使徒　青野太潮
- 弘法大師空海と出会う　川﨑一洋
- 高野山　松長有慶
- マルティン・ルター　徳善義和
- 教科書の中の宗教　藤原聖子
- 『教行信証』を読む 親鸞の世界へ　山折哲雄
- 国家神道と日本人　島薗進
- 聖書の読み方　大貫隆
- 寺よ、変われ　高橋卓志
- 親鸞をよむ　山折哲雄
- 日本宗教史　末木文美士
- 中世神話　山本ひろ子
- 法華経入門　菅野博史
- イスラム教入門　中村廣治郎
- ジャンヌ・ダルクと蓮如　大谷暢順
- 蓮如　五木寛之
- キリスト教と笑い　宮田光雄
- 密教　松長有慶
- 仏教入門　三枝充悳
- モーセ　浅野順一
- イスラーム(回教)　蒲生礼一
- 背教者の系譜　武田清子
- 聖書入門　小塩力
- イエスとその時代　荒井献
- 慰霊と招魂　村上重良
- 国家神道　村上重良
- お経の話　渡辺照宏
- 日本の仏教　渡辺照宏
- 仏教〔第二版〕　渡辺照宏
- チベット　多田等観
- 禅と日本文化　鈴木大拙 北川桃雄訳

心理・精神医学

- モラルの起源　亀田達也
- トラウマ　宮地尚子
- 自閉症スペクトラム障害　平岩幹男
- 自殺予防　高橋祥友
- だます心だまされる心　安斎育郎
- 痴呆を生きるということ　小澤勲
- 快適睡眠のすすめ　堀忠雄
- 精神病　笠原嘉
- やさしさの精神病理　大平健
- 生涯発達の心理学　高橋惠子 波多野誼余夫
- コンプレックス　河合隼雄

哲学・思想

岩波新書/最新刊から

1750
百姓一揆
若尾政希 著
「反体制運動ではなかった」、「竹槍や蓆旗《むしろばた》は使われなかった」――大きく転換した百姓一揆の歴史像から、近世という時代を考える。

1751
フランス現代史
小田中直樹 著
一九四四年の解放からマクロン政権まで、戦後フランスを「分裂と統合の弁証法」というメカニズムのもとに総体的にとらえる。

1752
保育の自由
近藤幹生 著
いま求められる子ども観・保育観とは？「新制度」や「新指針」を正面から検討し、当事者のための保育の在り方を提案する。

1753
物流危機は終わらない
――暮らしを支える労働のゆくえ――
首藤若菜 著
物流危機の原因は現場の労働問題にあった！トラックドライバーの過酷な現場を活写し、現代日本が直面した困難を描く。

1754
平成の藝談
歌舞伎の真髄にふれる
犬丸治 著
芸談とは、先人への懐古憧憬であるとともに後進への叱咤鞭撻でもある。平成の世に輝いた役者たちのことばでつむぐ歌舞伎論。

1755
ユダヤ人とユダヤ教
市川裕 著
啓典の民、離散の民、交易の民、さまざまな呼び名をもつユダヤの人びと。歴史をたどりながら、その信仰、学問、社会、文化を知る。

1756
なぜ働き続けられない？
社会と自分の力学
鹿嶋敬 著
働く女性は雇用者全体の半数近くを占めるのに、本人が望んでも働き続けられないのはなぜなのか。当事者の声とともに問題点を提示。

1757
ユーラシア動物紀行
増田隆一 著
フィンランドから始まる動物地理学の旅は水の都サンクトペテルブルクの動物学博物館を経て、大自然の中へ。［カラー図版多数］

(2019.2)